リュウジの

まだバズってないレシピ

贅沢ごはんにもおもてなし料理にも使える
絶品料理118

日本文芸社

まだ バズってないレシピは、バズり要素を無視して

バズレシピ

- 短時間・手間なし
- 普段の食材・調味料
- 料理名が大げさ 見た目が華やか

バズってないレシピ

- いつもより時間や 手間がかかるものも
- ちょっと変わった 食材・調味料も
- 見た目は地味だが絶品

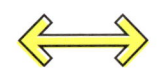
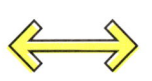
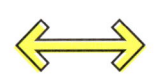

「バズレシピ」の定義から外れるものは、
今まで大々的に紹介してきませんでした。（みんな見ないから…。）
けど、「本当はこれこそ食べてほしい！」っていう

隠れた名作がたくさんあるんです

作る最高傑作レシピ

僕は多くの人たちにとって料理を身近なものに感じてほしいという思いで、「バズる」ことを常に考え続けてきました。
スーパーで手軽に手に入る食材で、無駄な工程を一切省き、誰でも簡単に、最短距離でウマいものにたどり着く。「バズる」を念頭にレシピ開発し、1人でも多くの人に料理の楽しさを届けようと、YouTubeに投稿しています。

そんなバズり至上主義の僕が今回作った本にはなんと、
今までのバズり要素を完全に無視したレシピばかりを詰め込みました。

普段は使わない食材や、僕の視聴者にはなじみの薄いお魚レシピ、手の込んだおもてなし料理、めっちゃ地味な見た目…などなど。
バズるためには作っていない、いわば、僕がホームパーティーなどで友達にふるまうような、僕の趣味に近いレシピです。

「こだわりの料理」といっても、これまで通り無駄な工程は一切入れていません。もちろん、おいしいまでの最短距離で作っているので、豪華に見えるけど簡単なレシピもいっぱいあります。超自信作だけど、バズらなそうだからお蔵入り…。みんなに知ってもらえない…。
そんなレシピがあるところも料理研究家の辛いところです（笑）。
「王道バズレシピ以外も作ってみたい」「リュウジがプライベートで作る料理がどんなものか気になる」そんな方はぜひこの本に載っている料理を作って食べてみてください。
そして僕の埋もれた名作レシピたちに日の目を見させてあげてください！

リュウジ

バズってないレシピの特徴

1 いつもよりワンランク上の こだわり料理！ だけど「無駄」は一切なし

「煮込み時間が1時間超え」「工程がいつもより多い」など普段の僕の料理を作り慣れている人からすると、ちょっとハードル高く感じる料理もあるかもしれません。でも、いつも通り無駄な工程は一切なし。最短ルートで、驚くほどの贅沢ごはんやおもてなし料理にたどり着かせてみせます。かけた手間の分、いやそれ以上にウマいと思わせる自信作ばかりです。

2 普段の僕の動画では見られないレアな食材・調味料

ぶりのあら、イカ、牛かたまり肉、ナンプラーなど普段の僕の動画ではあまり登場しない食材、調味料も使っています。家に常備していないかもしれませんが、わざわざ買って作ってみる価値ありです！絶対ハマります！

3 動画映えしないから低再生数。でも超絶ウマい

めちゃめちゃウマいけど、「見た目が地味」「動画映えしない」という理由で埋もれてしまっているレシピって実は結構あるんです。「全然再生数伸びてないけど1回作って食ってみ！」という思いを込めて、そんなレシピも盛り込みました。

Contents

一軍レシピに絶対ライクインする**究極のめん類**

変化球だけど高威力**魅惑のごはん・パン**

クオリティを追求した絶対においしいスープ

この本の使い方

●よく使う調味料

・砂糖は上白糖、塩は精製塩、酢は穀物酢、みそは無添加の合わせみそ、しょうゆは濃口しょうゆを使っています。

・黒胡椒は粗挽き、塩胡椒は味塩胡椒です。

・酒は清酒（塩が入っている料理酒はおすすめしていません）、みりんは本みりん、小麦粉は薄力粉、バターは有塩バター、白だしは塩分濃度10%のものを使っています。

・にんにく、しょうがは生のものを使っています。

・かつお粉は「リュウジのかつお粉」を使っていますが、かつお節をレンジ加熱したもので代用できます。

レンチンかつお粉の作り方

耐熱容器にかつお節を入れ、ラップをせずに電子レンジで40〜50秒加熱する

手でもんで粉状にする

・「味の素®」「ほんだし®」「お塩控えめの・ほんだし®」「うま味だし・ハイミー®」「味の素KK中華あじ」「アジシオ®」は味の素株式会社、「ぱぱっとちゃんとこれ!うま!!つゆ®」はヤマサ醤油株式会社の登録商標です。「タバスコ」はマキルヘニー社の「TABASCO®オリジナルレッドペパーソース」を使用しています。それぞれレシピでは®を省略して記載しています。

●調理について

・レシピでは野菜の下処理は省いてます。洗う、皮をむく、種を取るなどの下処理をしてから調理してください。

・火加減は特に記載のない場合、中火で調理をしてください。

・加熱調理の火加減はガスコンロ使用を基準にしています。ご家庭のコンロにより火力が異なるので、様子を見て調整してください。

・電子レンジは600Wのものを基準にしています。500Wの場合は1.2倍を、700Wの場合は0.8倍を目安に加熱時間を調整してください。使っているメーカーや機種によって加熱時間が多少異なるので、様子を見て加減してください。

●計量について

・計量単位は大さじ＝15ml、小さじ＝5mlです。

・野菜は個体差があるので個数表記ではなく、重量をのせていることが多いです。スケールを持っていない人は下記を参考にしてください（でも、スケールがあると便利です）。

主な野菜の重さ（あくまでも目安です）

野菜	個数	重さ（約）
トマト	1個	150〜160g
オクラ	1パック	100g
玉ねぎ	1個	200〜250g
キャベツ	¼個	280g
きゅうり	1本	90〜120g
ごぼう	1本	160〜180g
ズッキーニ	1本	180〜200g
大根	½本	500g
白菜	¼個	500〜600g
長ねぎ	1本	100〜120g
なす	1本	70〜80g
小松菜	1袋	200g
ほうれん草	1袋	200g
にんじん	1本	160〜170g
じゃがいも	1個	150g
ニラ	1束	100g
にんにく	1片	5g

味つけについて

僕は酒飲みなので味つけは濃いめです。好みと違う場合は、塩味を調整してください

料理研究家が本気で考えた

おもてなし料理

僕がいつも友達やお客さんにふるまっているようなレシピです。
正直ちょっと面倒なやつでもあるけど、最短ルート・最高ウマいは保証します。

割ったら
トロトロの黄身が

見た目も味も120点.

スコッチエッグ

材料（4個分）

合びき肉…240g
半熟ゆで卵…4個
Ⓐ 玉ねぎ（すりおろし）…30g
　塩…小さじ⅓
　味の素…6ふり
　マヨネーズ…大さじ1
　パン粉…大さじ2
　ナツメグ…4ふり
　黒胡椒…適量
Ⓑ 薄力粉…大さじ3
　水…大さじ3
パン粉…適量
サラダ油…底から1cm
アジシオ…適量

作り方

1 ボウルにひき肉、Ⓐを入れて混ぜる。

2 ラップを広げて1の肉だねを¼量のせて均等に伸ばす。その上に卵1個を置いて肉だねで包み（a）、形を整える（b）。残り3つも同様に作る。混ぜ合わせたⒷを絡め、パン粉をまぶす。

3 フライパンにサラダ油を中温に熱し、2をころがしながら全体を揚げる（c）。アジシオで食べる。

ハンガリーの家庭料理

グヤーシュ（トマトシチュー）

ご手間を楽しむ」ってことを 昔の俺が作ってた

思い出させてくれる料理

材料（4〜5人分）

牛バラかたまり肉…500g
玉ねぎ…120g
じゃがいも…200g
にんじん…150g
塩胡椒…適量
薄力粉…適量
オリーブオイル
　…大さじ1+大さじ1
にんにく（粗みじん切り）…10g
トマト缶（ホール）…1缶
Ⓐ パプリカパウダー
　…大さじ1
　クミン…小さじ1
　塩…小さじ1と⅓
　味の素…9ふり
　砂糖…小さじ1
　水…650ml
黒胡椒…適量

Point

肉はシチュー用のもも肉やスネ肉などでOK。スネ肉の場合は煮込み時間を30分ほどプラスして

作り方

1 牛肉はひと口大に切って塩胡椒をふり、薄力粉をまぶす。玉ねぎ、じゃがいも、にんじんは乱切りにする。

2 フライパンにオリーブオイル大さじ1を強火で熱し、牛肉を入れて全面に焼き色をつけて取り出す（a）。

3 同じフライパンに玉ねぎ、にんにくを入れて炒め、香りが立ったらトマト缶をつぶしながら加え、煮詰める。Ⓐ、にんじんを加えて牛肉を戻し入れ、1時間〜1時間半弱めの中火で煮込む（b）。

4 牛肉がやわらかくなったらじゃがいもを加え、ふたをしてさらに15分ほど煮込み（c）、オリーブオイル大さじ1を加え、黒胡椒をふる。器に盛り、好みで乾燥パセリをかける。

とろ〜り〜

> いつもの食卓が
> パーティーっぽく
> 変わります

チーズフォンデュ

野菜、パン、なんにでも合う

材料（作りやすい分量）

ピザ用チーズ…120g
チェダーチーズ…80g
片栗粉…大さじ1
白ワイン…100ml
顆粒コンソメ…小さじ1
無調整豆乳（または牛乳）
　…大さじ4
ガーリックパウダー…7ふり
ブロッコリー、じゃがいも、
ソーセージ、パン、えびなど
　…各適量

作り方

1 ボウルにピザ用チーズ、チェダーチーズをちぎりながら入れ、片栗粉をまぶしておく（a）。

2 フライパンに白ワインを入れて沸かし、アルコールを飛ばす（b）。コンソメ、1を加えてよく混ぜながらチーズを溶かす。豆乳、ガーリックパウダーを加えて混ぜる（c）。

3 加熱したブロッコリー、じゃがいも、ソーセージ、パン、えびなどをつけて食べる。

Point

フォンデュ用の鍋がなくてもフライパンで作れます

軽く火の入った
鯛が絶品

熱々の油を
かけて召し上がれ

鯛の中華風カルパッチョ

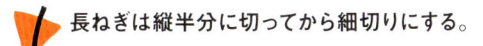

材料（作りやすい分量）

真鯛（刺身用）…150g
長ねぎ…35g
しょうが（千切り）…5g
赤唐辛子（輪切り）…適量
アジシオ…適量
花椒粉…4ふり
Ⓐ ごま油…大さじ1
　 米油…大さじ1

作り方

1　長ねぎは縦半分に切ってから細切りにする。

2　鯛は薄くそぎ切りにして器に並べ、長ねぎ、しょうが、唐辛子をのせ、アジシオ、花椒粉をふる。

3　フライパンにⒶを入れて熱々に熱し、2にかける。

Point

ごま油だけだとくどくなりすぎるので、米油を混ぜています

ホロホロな食感が
たまらない

これふるまったら
絶対にビックリされる

スペアリブ煮込み

材料（2-3人前）

豚スペアリブ…600g
玉ねぎ…1個（250g）
塩胡椒…適量
オリーブオイル
　…大さじ1+適量
にんにく（みじん切り）…10g
しょうが（みじん切り）…10g
塩…1つまみ
Ⓐ 水…400ml
　しょうゆ…大さじ2と½
　酢…大さじ2
　はちみつ…大さじ2
　砂糖…大さじ½
　味の素…6ふり
　黒胡椒…適量
黒胡椒…適量

作り方

1 玉ねぎは繊維に対して垂直に薄切りにする。スペアリブは塩胡椒をふる。

2 フライパンにオリーブオイル大さじ1を強火で熱し、スペアリブを入れて全面に焼き色をつけて取り出す（a）。

3 同じフライパンににんにく、しょうがを入れて炒め、香りが出たら玉ねぎ、塩を加えて炒める。玉ねぎが飴色になったら（b）、スペアリブを肉汁ごと戻し、Ⓐを加えて沸騰したらふたをして1時間半ほど弱火で煮込む（c）。

このくらいまで煮詰めたらOK

4 器に盛り、仕上げにオリーブオイル適量をかけ、黒胡椒をふる。

Point
煮詰まりすぎないよう時々様子を見ながら煮込んでください

ガーリックステーキ
ぶりの

にんにくとカレー粉で
ぶりのポテンシャルを引き出す

カレー粉で
パンチをプラス

材料（2人分）

ぶり…2切れ（180g）
塩胡椒…適量
薄力粉…適量
オリーブオイル
　…小さじ1と½
にんにく（薄切り）…10g
Ⓐ　バター…10g
　しょうゆ…大さじ1
　みりん…大さじ1
　酒…大さじ1
　味の素…3ふり
　カレー粉…1つまみ
黒胡椒…適量

Point

ガーリックチップはカリカリ
にしても、にんにくの食感を
少し残しても、お好みで

作り方

1 ぶりは塩胡椒をふり、薄力粉を全体にまぶす。フライパンにオリーブオイルを熱し、にんにくを入れてガーリックチップを作り（a）、取り出す。

2 フライパンを洗わずに熱し、ぶりを焼く。ぶりを立てて皮を焼き（b）、皮がパリッとしたら身を2〜3分焼き、焼き色がついたら裏返して2〜3分焼き（c）、火を通して器に盛る。

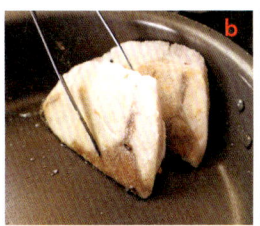

3 同じフライパンにⒶを煮詰めて2にかけ、ガーリックチップ、黒胡椒をふる。好みでベビーリーフをそえる。

超濃厚な
カマンベールソース

究極のカマンベールカルボナーラ

カマンベールチーズを常備したくなるほどクセになる

材料 (1人分)

パスタ (1.8mm、なければ1.6mm
でもOK) …100g
カマンベールチーズ
　…45g (½個)
厚切りベーコン…40g
マッシュルーム…40g
オリーブオイル…大さじ1
にんにく (みじん切り) …1片
顆粒コンソメ…小さじ⅔
溶き卵…1個分
黒胡椒…適量 (思っている3倍)

作り方

1. ベーコンは5mm幅に切る。マッシュルームは厚めにスライスする。フライパンにオリーブオイルを熱し、ベーコン、マッシュルーム、にんにくを入れて軽く焼き色がつくまで炒める (a)。

2. 鍋に1Lのお湯を沸騰させ、塩10g (分量外) を混ぜ、パスタを袋の表示時間より2分短くゆでる。

3. 1のフライパンにカマンベールチーズをちぎりながら加え (b)、パスタのゆで汁大さじ2、コンソメ、ゆで上がったパスタをトングなどで移し、チーズを溶かしながら加熱する。火を止め、溶き卵を加えて混ぜ、余熱でソースをパスタに絡ませる (c)。器に盛り、黒胡椒をたっぷりとふる。

Sea food

塩をちょっと足すと
お酒ともいける

見た目きれいで
前菜にもおすすめ
夏に食べたい
セビーチェ

材料（1〜2人分）

ボイルたこ…80g
ボイルえび…100g
玉ねぎ…¼個
トマト…160g
オリーブオイル…大さじ1と½
レモン汁…小さじ2
すりおろしにんにく…½片分
塩…小さじ½
黒胡椒…適量

作り方

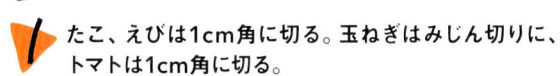

1 たこ、えびは1cm角に切る。玉ねぎはみじん切りに、トマトは1cm角に切る。

2 ボウルにすべての材料を混ぜ合わせ冷蔵庫で冷やす。器に盛り、好みで乾燥パセリをふり、レモンをそえる。

出合ったことのないズッキーニの食感

ズッキーニのラペ

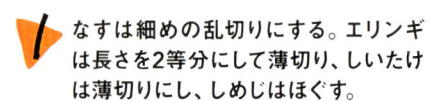
ズッキーニ買おって
なると思う

材料（作りやすい分量）

ズッキーニ…1本（180g）
塩…小さじ¼
粒マスタード…小さじ1
酢…大さじ½
味の素…3ふり
オリーブオイル…大さじ1
黒胡椒…適量

作り方

1 ズッキーニは千切りにしてボウルに入れ、すべての材料を加えて混ぜる。

甘くない、
洋風の煮物

なすときのこの
オリーブオイル炒め煮

材料（2人分）

なす…3本（250g）
きのこ（今回はエリンギ、しいたけ、しめじ）…200g
オリーブオイル…大さじ2と½
Ⓐ 顆粒コンソメ…小さじ1
　しょうゆ…小さじ1と½
　黒胡椒…適量
　水…100ml

きのこは
お好きなもので
どうぞ！

作り方

1 なすは細めの乱切りにする。エリンギは長さを2等分して薄切り、しいたけは薄切りにし、しめじはほぐす。

2 フライパンにオリーブオイルを熱し、なす、きのこを入れて炒める。

3 全体に油がまわったら、Ⓐを加えてなすがとろっとするまで炒め煮にする。

目指すは至高シリーズ超え！
下克上レシピ

僕のYouTube動画のなかでもトップに君臨する至高のレシピたち。
そんなレシピを下克上する。こっちのほうが好きな人もいるはず。

No.1

にんにくもしょうがも
使わない。梅のさっぱ感
が超マッチ!

VS 至高の唐揚げ

パッカーン 優勝

材料（2人分）

鶏もも肉…1枚（320g）
- **A** 塩分8〜9％の梅肉（包丁で叩く）
  …25g（約4つ分）
  塩…小さじ⅓
  味の素…3ふり
  かつお粉（P.10）…3g
  片栗粉…小さじ2
  みりん…大さじ1
サラダ油…底から1cm
片栗粉…適量

作り方

鶏肉はひと口大に切って **A** をもみ込み、常温で20分おく（a）。

フライパンにサラダ油を熱し、片栗粉をまぶした鶏肉を入れ、ころがしながらこんがりするまで揚げる（b）。

器に盛り、あれば叩いた梅肉をそえる。

Point

しょうゆを使っていないから普段の唐揚げよりも色づきは薄いです

ルーを使わない最高傑作カレー

下克上ドライカレー

日本で一番見られているカレーレシピ

VS 至高の**カレー**

材料（1〜2人分）

合びき肉…160g
玉ねぎ…60g
にんじん…30g
バター…10g
塩胡椒…適量
しょうが（みじん切り）…5g
にんにく（みじん切り）…5g

Ⓐ トマトケチャップ…大さじ2
　ウスターソース…小さじ4
　オイスターソース…大さじ1
　塩…小さじ¼
　味の素…6ふり
　黒胡椒…適量
カレー粉…大さじ1
卵黄…1個分
ご飯…200g

作り方

1 玉ねぎ、にんじんはみじん切りにする。

2 フライパンにバターを熱し、ひき肉を炒めて塩胡椒をふる。あまり崩さずに上下を返して両面に焦げ目をつけ 、しょうが、にんにくを加えて炒める。香りが出たら、玉ねぎ、にんじんを加えてさらに炒める。

3 全体を炒めたら Ⓐ を加えて煮詰め、カレー粉を加えて軽く炒める 。器にご飯、カレーを盛り、真ん中に卵黄をのせ、好みで乾燥パセリをふる。

黄身を崩して食べるのがたまんない

Point

カレー粉を入れた後は香りが飛ばないように軽く炒めて

まさかの肉なしバーグで対抗

下克上サバーグ

NO!
BUZZ
OKAPI

豆腐でボリュームアップ
&ヘルシー

絶賛の声が鳴りやまない

VS 至高のハンバーグ

材料 (2人分)

サバ水煮缶…190g
玉ねぎ (みじん切り)…100g
バター…10g
絹豆腐…150g
Ⓐ 卵…1個
　パン粉…大さじ6
　顆粒コンソメ…小さじ⅔
　塩…適量
　黒胡椒…適量
　片栗粉…大さじ1
サラダ油…適量
Ⓑ しょうゆ…大さじ2
　みりん…大さじ2
　酒…大さじ2
　味の素…6ふり
　すりおろしにんにく…1片分

作り方

1 耐熱容器に玉ねぎ、バターを入れ、電子レンジ(600w)で2分30秒加熱し、粗熱をとる(a)。

2 1に水気をきった豆腐、サバ、Ⓐを入れ、サバを崩しながら混ぜる(b)。4等分にして成形する。

3 フライパンにサラダ油を熱し、2を片面2～3分ずつふたをして焦げ目がつくまで焼き(c)、器に盛る。同じフライパンにⒷを入れて煮詰め(d)、サバーグにかける。

Point

生焼けを心配する
必要なし

目指すは至高シリーズ超え！下克上レシピ

最高の塩昆布チャーハン

NOt BUZZ
OKAPI

バラバラよりも
少ししっとりが最高

VS 至高のチャーハン

材料（1人分）

あたたかいご飯…200g
薄切りベーコン…35g
長ねぎ…30g
サラダ油…大さじ1と½
卵…1個

Ⓐ 塩昆布…5g
ほんだし…小さじ½
しょうゆ…小さじ½

酒…大さじ1

作り方

1 ベーコンは細切りにする。長ねぎはみじん切りにする。

2 フライパンにサラダ油を強火で熱し、ベーコンを炒める。ベーコンがチリチリしてきたら、卵を割り入れ (a) 、すぐにご飯を入れて全体を手早く炒める (b) 。

3 Ⓐを加えてさらに炒め (c) 、最後に長ねぎ、酒を加えてサッと炒める (d) 。

Point

ご飯は温めておき、近くに調味料を用意して手早く作って

つるっと感を楽しみたいときはこれ作って

別ゆで最高傑作ペペロンチーノ

炎上覚悟で作った決死の VS 至高のペペロンチーノ

シンプル is 最高

材料 （1人分）

パスタ (1.4mm)…100g
オリーブオイル
　…大さじ1+大さじ½
にんにく (薄切り)…10g
赤唐辛子…2本
ハイミー…5ふり
塩…1つまみ
乾燥パセリ…適量

Point

ワンパンパスタに飽きたら別ゆで、別ゆでに飽きたらワンパンパスタ

作り方

1 フライパンにオリーブオイル大さじ1を熱し、にんにく、2等分にちぎった唐辛子を入れて炒める (a) 。

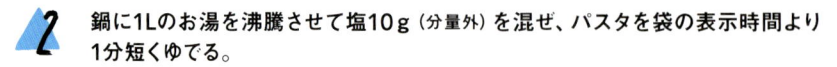

2 鍋に1Lのお湯を沸騰させて塩10g (分量外) を混ぜ、パスタを袋の表示時間より1分短くゆでる。

3 ゆで上がったパスタをトングなどで1のフライパンに移し、お玉1杯 (50ml程度) のゆで汁、ハイミーを加え (b) 、中火で混ぜる。オリーブオイル大さじ½、塩を絡め (c) 、好みでしょうゆをかける。器に盛り、パセリをふる。

9割はまだ知らない

隠れた名作
TOP10

ありがたいことに、YouTube 総再生数十数億回超えとかしてますが、
これはみんな知らないだろうというレシピたちです。
動画になっていないものもたくさん。

鶏皮とチーズがWでパリッパリ！

パリスヒルトン チーズチキン

named byいそべもち子

材料（1〜2人分）

鶏もも肉…1枚（320g）
塩胡椒…適量（多めにふる）
オリーブオイル…小さじ2
粒マスタード…大さじ1
ピザ用チーズ…60g
黒胡椒…適量
乾燥パセリ…適量

Point

ダイヤモンドカットする
ことで、肉のしっとり感
と皮のパリパリが両立

作り方

1 鶏肉は皮がついていないほうをダイヤモンドカット（2cm間隔で、格子状に切り目を入れる）にし（a）、塩胡椒を多めにふって水分を拭き取る。

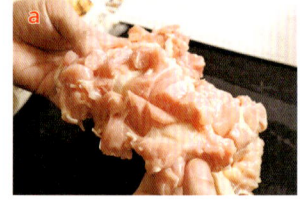

2 フライパンにオリーブオイルを強めの中火で熱し、鶏肉を皮目から焼く。皮がパリッとしたら裏返して弱めの中火にし、ふたをして焼く。肉に火が通ったら取り出し、皮全体に粒マスタードを塗る（b）。

3 フライパンに残った油を拭き取り、チーズを広げて焼き、チーズが溶けてきたら肉の皮目を下にして焼く（c）。チーズがパリパリになったら器に盛り、黒胡椒、パセリをふる。味変でトマトケチャップ。

パリパリ

チーズと
粒マス の相性◎

鶏むねの よだれ漬け

超絶しっとりで際限なく食える

材料（2人分）

鶏むね肉…1枚（350g）
A 塩胡椒…適量
　酒…大さじ1
　片栗粉…大さじ1と⅓
B 長ねぎ（みじん切り）…30g
　しょうゆ…大さじ1
　オイスターソース…大さじ1
　酢…大さじ1と½
　ごま油…大さじ1
　砂糖…小さじ1と½
　黒胡椒…適量
　味の素…5ふり
　すりおろしにんにく…5g
　すりおろししょうが…5g
小ねぎ（小口切り）…適量
白いりごま…適量
一味唐辛子…適量

作り方

1 鶏肉はひと口大のそぎ切りにし、**A**をもみ込む。容器に**B**を混ぜ合わせておく。

2 鍋に湯を沸かし、鶏肉がくっつかないように1枚ずつ入れていく。1〜2分ゆで、ざるに上げて水気をきる。

3 鶏肉と**B**を絡めて、小ねぎ、白ごま、一味唐辛子をかける。

Point

鶏肉はサッとゆでて、しっとりをキープ

冷蔵庫で1時間くらい冷やして食べてもおいしい

なすのボロネーゼグラタン

普通のなすが起こすなす革命

動画でチェック！

材料（2人分）

なす…3本（240g）
豚ひき肉…150g
玉ねぎ…100g
塩…1つまみ
オリーブオイル…大さじ1
塩胡椒…適量
にんにく（みじん切り）…1片
トマト缶（ホール）…½缶（200g）
Ⓐ 顆粒コンソメ…小さじ1と½
トマトケチャップ…大さじ1
ウスターソース…小さじ2
日本酒…大さじ1と½
カレー粉…小さじ⅓
ピザ用チーズ…50g
（好みでもっと多くしても）

Point
チーズはガッツリ
入れたほうがウマい

作り方

1 なすは乱切りにして塩をふり、水気を出しておく。玉ねぎはみじん切りにする。

2 フライパンにオリーブオイルを熱し、ひき肉を入れて塩胡椒をふる。肉をあまり動かさずに両面に焼き目をつけ、玉ねぎ、にんにく、なすを順に加えて炒める。なすがしんなりしたら、トマト缶をつぶしながら入れ、酸味を飛ばすように炒め、Ⓐを加えて炒める（a）。

3 耐熱容器に2を入れてチーズをのせ、トースター（200℃）で8分チーズに焦げ目がつくまで焼く。好みで乾燥パセリをふる。味変はタバスコで。

とろとろのなすに
すべてのうま味がIN

春も夏も冬も
作ってほしい

秋の味覚 炊き込みご飯

材料（作りやすい分量）

米…2合
甘塩鮭（または塩をふった生鮭）
　　…2切れ（130g）
まいたけ（お好きなきのこで）…100g
Ⓐ しょうゆ…小さじ2
　｜これ!うま!!つゆ（または白だし）
　｜　　…大さじ2と½
　｜みりん…大さじ2
　｜酒…大さじ2
　｜塩…小さじ½
しょうが（千切り）…15g
白いりごま…適量

作り方

1　米は洗う。まいたけはほぐす。

2　炊飯器に米、Ⓐを入れ、2合の
　目盛りまで水を入れる。鮭、まい
　たけ、しょうがを入れて (a) 普通
　に炊く。

3　炊きあがったら (b)、鮭を好みの
　粗さにほぐす。器に盛り、白ごま、
　好みでしょうがをのせ、塩をふる。

鮭は細かく崩しても
大きめに残しても
good

守りたい、この食文化

ウマすぎる すいとん

動画で
チェック！

材料（4〜5人分）

鶏もも肉…300g
ごぼう…150g
にんじん…120g
しいたけ
（ほかのきのこでもOK）…100g
A 水…1L
　しょうゆ…大さじ5
　みりん…大さじ3
　酒…大さじ2
　かつお粉（P.10）…5g
　ハイミー…9ふり
B 薄力粉…100g
　片栗粉…50g
　水…100ml

作り方

1 鶏肉はひと口大に切る。ごぼうは縦半分に切ってから斜め薄切りにする。にんじんは半月切りにする。しいたけは石づきを取り、軸と傘を薄切りにする。

2 鍋に**1**、**A**を入れて火にかけ、沸騰したらアクを取り、15分ほど弱めの中火で煮る。

3 ボウルに**B**を入れてよく混ぜ、すいとんの生地を作る（a）。**2**の鍋に生地をスプーンで落とし入れ（b）、5分ほど煮る。味変は七味唐辛子で。

Point
生地を落とすときは
スプーンを2つ使
えばやりやすい

Not Buzz

バズってないけど
鬼コスパで栄養◎

塩牛すじ煮込み

塩で煮込むから素材の味がひき立つ

PART 3

9割はまだ知らない隠れた名作TOP10

材料（3〜4人分）

- 牛すじ肉…350g
- 大根…300g
- 長ねぎ…100g
- こんにゃく…200g
- A
  - しょうが（千切り）…20g
  - 水…500ml
  - 酒…100ml
  - みりん…大さじ2
  - かつお粉（P.10）…5g
  - 味の素…9ふり
  - 塩…小さじ2
- 山椒…適量

作り方

1 鍋にお湯を沸騰させ、牛すじを入れて再度沸騰するまでゆで、ざるに上げて流水で洗う。

2 大根は8mm程度のいちょう切りにする。長ねぎは縦半分に切って斜め細切りにする。こんにゃくはぬるま湯で洗い、スプーンでひと口大に切る。

3 鍋に牛すじ、こんにゃく、大根、Aを入れて1時間半ほど煮込む。

4 長ねぎを加えて軽く煮て器に盛り、山椒をふる。

Point

煮込んでいる途中にアクが出てきたら、とってください

酒が止まらなくなるやつ

SAKE

コロコロごぼうの塩唐揚げ

気がついたときには半分以上減ってる

ごぼうのホクッと感と
塩気が相性バツグン

材料（2人分）

ごぼう…120g
Ⓐ 塩…小さじ⅓
　味の素…6ふり
　黒胡椒…適量
　すりおろし
　　にんにく…1片分
片栗粉…大さじ2
サラダ油…底から1cm
乾燥あおさのり…小さじ1と½
アジシオ…4ふり
カットレモン…1個

作り方

1 ごぼうは1cm幅に切ってボウルに入れ、Ⓐを加えてもみ込み、片栗粉を全体にまぶす。

2 フライパンにサラダ油を熱し、1をころがしながら揚げる。油をきり、あおさのり、アジシオを絡めて器に盛り、レモンをそえる。

Point

1つ食ってみてホクッとしてれば揚がったサイン

にんにく塩漬け焼きズッキーニ

常に作っておきたい
くらいイケる

材料（作りやすい分量）

ズッキーニ…300g
オリーブオイル…大さじ1
Ⓐ 水…90ml
　鶏ガラスープの素…大さじ1
　レモン汁…大さじ½
　黒胡椒…適量
　にんにく（叩く）…1片

作り方

1 ズッキーニは1cm幅の輪切りにする。

2 フライパンにオリーブオイルを熱し、ズッキーニの両面に焼き目をつける。

3 ポリ袋にⒶ、ズッキーニを入れて3時間ほど冷蔵庫で冷やす。

このウマさを伝えるために
料理研究家になったのかも

山芋の磯辺揚げ

動画でチェック!

材料 (15個分)

山芋…200g
ほんだし…小さじ1
おにぎり用のり (3等分にカット) …5枚
サラダ油…適量
アジシオ…適量

作り方

1 山芋は金属製のフォークを切り口からしっかり刺し、直火であぶってひげ根を焼ききる。皮ごとすりおろしてボウルに入れ、ほんだしを加えて混ぜる。

2 のりに15等分した1をのせて包む (a) 。

痒くなるので手袋してね

3 フライパンにサラダ油を熱して1分ほどこんがりとするまで揚げ焼きにする (b) 。アジシオをかけて食べる。

撮影の現場で秒で売り切れました

にんにくの風味がしっかり感じられる

NOt BUZZ

OKAPE

ホワイトソースが絶品

これ作るためなら
ちょっと早起き
してもいい

究極の
クロックマダム

材料（1個分）

食パン（6枚切り）…2枚
バター…15g
薄力粉…大さじ1と½（13g）
牛乳…200ml
Ⓐ 顆粒コンソメ…小さじ½
　塩…1つまみ
　ナツメグ…3ふり
　黒胡椒…3ふり
ベーコン…4枚
ピザ用チーズ…40g
アジシオ…適量
目玉焼き…1個

Point

目玉焼きは半熟がおすすめ。のせなければクロックムッシュになる

作り方

1 バターは電子レンジ（600W）で40秒加熱して溶かし、薄力粉を入れてダマがなくなるまでよく混ぜる（a）。

2 フライパンに牛乳を入れて火にかけ、ふつふつとしてきたら/を混ぜ、さらにⒶを加えて固めのホワイトソースを作る（b）。

3 パン1枚にホワイトソースの半量を塗り、ベーコン、チーズ20gをのせ（c）、軽くアジシオをふる。パン1枚、残りのホワイトソース、チーズ20gをのせて（d）トースター（250℃）でチーズがとけるまで焼き、目玉焼きをのせる。好みで乾燥パセリをふる。

バズらなくてもいいやと思えるほど
本気でウマい

肉おかず

バズることだけが正義じゃない。
そんなことを教えてくれる肉レシピを一挙公開。

THAILAND

魚介系の
しょうゆ風味が香る

僕の大好きな
異国の味

タイ風ナンプラー唐揚げ

材料（2人分）

鶏もも肉…300g

A
- ナンプラー…大さじ1と½
- 塩…1つまみ
- すりおろしにんにく…1片分
- すりおろししょうが…にんにくと同量
- 砂糖…小さじ1
- ごま油…小さじ1
- レモン汁…小さじ1
- 片栗粉…小さじ1
- 味の素…7ふり

サラダ油…底から1cm

片栗粉…適量

カットレモン…1個

作り方

1 鶏肉はひと口大に切って**A**をもみ込み、常温で30分ほどおく（a）。

2 フライパンにサラダ油を熱し、片栗粉をまぶした鶏肉を入れ、ころがしながら5分ほどこんがりとするまで揚げる（b）。

3 器に盛り、レモン、好みできゅうりをそえる。

鶏の唐揚げ 大葉ソース

緑の唐揚げがこんなにヤバいって知ってた？

材料（2人分）

鶏もも肉…320g

A
- 塩…小さじ½
- 砂糖…小さじ⅓
- 味の素…4ふり
- すりおろししょうが…5g
- 片栗粉…大さじ1
- 酒…大さじ2
- 黒胡椒…適量

B
- 大葉…10枚
- 長ねぎの青い部分…20g
- にんにく…5g
- ごま油…小さじ2
- しょうゆ…大さじ1
- 酢…大さじ1
- 砂糖…小さじ½
- 味の素…4ふり

サラダ油…底から1cm
片栗粉…適量

作り方

1 鶏肉はひと口大に切って**A**をもみ込み、常温で15分ほどおく（a）。

2 **B**の材料をハンディチョッパー（またはミキサー）にかけてソースを作る。

3 フライパンにサラダ油を熱し、片栗粉をまぶした鶏肉を入れ、ころがしながら5分ほどこんがりとするまで揚げる（b）。器に盛り、2のソース、好みで黒胡椒、ごま油をかける。

Point
肉をおくときは常温で

さわやかな大葉ソースで無限に食える

鶏の濃厚ビール煮込み

高級フレンチで出てきてもまったくおかしくない

材料（2人分）

- 鶏もも肉…350g
- ビール…350ml
- 塩胡椒…適量
- 玉ねぎ…1個（約250g）
- バター…15g
- にんにく（みじん切り）…2片
- 塩…1つまみ
- まいたけ…100g
- 顆粒コンソメ…小さじ1と1/2
- 黒胡椒…適量

動画でチェック！

作り方

1 鶏肉は4等分に切り、塩胡椒をふる。玉ねぎは繊維に垂直に薄切りにする。フライパンにバターを熱し、鶏肉を皮目からこんがりと焼く。皮に焼き色をつけたら、身を軽く焼いて一度取り出す（a）。

2 同じフライパンに、にんにく、玉ねぎ、塩を入れて炒める。玉ねぎが飴色になったら（b）、まいたけをほぐしながら加えて軽く炒める。

3 1の鶏肉を肉汁ごと戻し、ビール、コンソメを加えて沸騰させ、ふたをして弱中火で30分ほど煮汁が半分以下になるまで煮込む（c）。器に盛り、黒胡椒をふり、好みでわさびをそえる。

Point

そえるのはマスタードじゃなくてわさびで

炒めた玉ねぎとビールの麦芽の香りが大人の味わい

そのままでも
しっかり味なので
タレは好みで調整して

バズらなくてもいいやと思えるほど本気でウマい肉おかず

包丁もフライパンも不要なタイ風焼き鳥 ガイヤーン

材料（2人分）

鶏もも肉…300g

A
ナンプラー…大さじ1と½
はちみつ…大さじ1強
オイスターソース…小さじ1
味の素…2ふり
塩…1つまみ
すりおろしにんにく…1片分
黒胡椒…適量

B
ナンプラー…小さじ2
はちみつ…小さじ1と½

パクチー…適量
カットレモン…1個

作り方

1 鶏肉にフォークで穴を開け、**A**をもみ込み、常温で1時間半ほど漬ける (a)。

2 トレー（またはアルミホイル）に鶏肉の皮目を上にしてのせ、オーブントースター（250℃）で15〜20分こんがりと焦げ色がつくまで焼く。途中、*1*の残った漬けダレを数回に分けて塗る (b)。

3 器に盛り、パクチー、レモンをそえる。好みで混ぜ合わせた**B**をつけて食べる。

a

b

衣ザクザク、中はジューシー

SPICY!!

動画でチェック!

骨なしだから 豪快にかぶりついて レッドホットチキン

材料（2人分）

鶏もも肉…1枚（300g）

Ⓐ
- チリパウダー…小さじ½
- ガーリックパウダー…小さじ½
- 顆粒コンソメ…小さじ½
- 塩…小さじ½
- 酒…小さじ1

Ⓑ
- 溶き卵…1個分
- 薄力粉…大さじ2
- 顆粒コンソメ…小さじ½
- タバスコ…小さじ1
- 塩…1つまみ（小さじ1/5ほど）
- すりおろしにんにく…1片分
- 一味唐辛子…小さじ1と½

薄力粉…適量
サラダ油…底から1.5cm
カットレモン…1個

作り方

1 鶏肉は硬いもので叩いて平らにし（a）、フォークで全体に穴を開けて3等分に切り（b）、Ⓐをよくもみ込んで常温で30分ほどおく。

2 混ぜ合わせたⒷに鶏肉を入れてもみ込み（c）、薄力粉をしっかりとまぶす（d）。

3 フライパンにサラダ油を熱し、2を揚げていく。全体が揚がったら一度取り出し（e）、3分ほど休ませたら、高温の油で40秒ほど二度揚げする。器に盛り、レモンをそえる。

この色になったら一旦取り出す

Point

二度揚げするときは焦がさないように注意

フライドチキン

やばすぎる

数あるフライドチキンレシピのなかでもダントツ

1

バズらなくてもいいやと思えるほど本気でウマい肉おかず

材料（2人分）

鶏もも肉…1枚（350g）
本気スパイス
　…小さじ1と½+適量
Ⓐ 溶き卵…1個分
　　薄力粉…大さじ2
薄力粉…適量
サラダ油…底から1.5cm

作り方

1 鶏肉は硬いもので叩いて平らにし、フォークで全体に穴を開けて（a）3等分に切り（b）、本気スパイス小さじ1と½をよくもみ込んで常温で15分ほどおく。

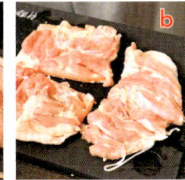

2 混ぜ合わせたⒶに鶏肉を入れてもみ込み（c）、薄力粉をしっかりとまぶす。

3 フライパンにサラダ油を中火で熱し、2を揚げていく。全体が揚がったら一度取り出し（d）、1〜2分休ませたら、高温の油で40秒ほど二揚げする。器に盛り、本気スパイス適量をかける。

この色になったら一旦取り出す

Point

本気スパイスは僕が開発した万能調味料です。他の使い方は「本気スパイス　アレンジレシピ」で検索

本気スパイス1つで味が決まる

動画でチェック!

チキンカツ 揚げない

むね肉×チーズで異次元のやわらかさ

材料（1～2人分）

鶏むね肉…170～180g
- **A** ピザ用チーズ…35g
  - 黒胡椒…適量
  - 片栗粉…小さじ1
  - 酒…小さじ1
- アジシオ…適量
- パン粉…適量
  - （1つかみ程度）
- オリーブオイル…適量
- カットレモン…1個

作り方

1 鶏肉は粗いミンチ状に切ってから包丁で粗めに叩き（a）、ボウルに入れて **A** を加えてもみ込む。1つにまとめて表面にアジシオをふる。

2 フライパンにパン粉を広げて **1** をのせ、フライパンの上で両面にパン粉をまぶし（b）、火をつける。鍋肌からオリーブオイルを流し入れ、片面が焼けたら裏返して再度オリーブオイルを加え（c）、両面焼いて火を通す。

3 器に盛り、レモンをそえる。好みで黒胡椒、アジシオをふる。味変は粒マスタードとトマトケチャップで。

Point

押したときに弾力が感じられれば鶏肉の中まで火が入ったサイン

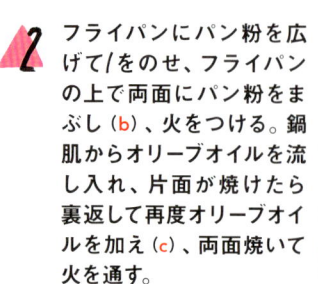

洗い物が面倒なのでバットを使わない方法で作りました

> サイゼで
> 出したほうがいい

フレッシュ
トマトソースで食う

とりささみの サルティンボッカ

材料 (2人分)

鶏ささみ…3本 (200g)
オリーブオイル
　…大さじ1+適量
にんにく (みじん切り)…1片
ミニトマト…8個 (90g)
Ⓐ 塩…2つまみ
　味の素…3ふり
　黒胡椒…適量
　酒…大さじ2
　オレガノ…5ふり
Ⓑ 塩胡椒…適量
　薄力粉…適量
生ハム…6枚
薄力粉…適量
バター…10g
乾燥パセリ…適量

作り方

1 ミニトマトは半分に切る。フライパンにオリーブオイル大さじ1を熱してにんにくを炒める。にんにくが色づいてきたらミニトマト、Ⓐを加えて炒め、ソースを作る (トマトは潰しても、潰さなくても)。

2 ささみは硬いもので叩いて平らにし (a)、Ⓑを順にふる。ささみ1本につき生ハムを2枚ずつ貼り付け、薄力粉を全体にふる (b)。

3 フライパンにバターを中火で熱し、2を生ハムの面から焼く。片面1分ずつ焼き (c) 器に盛る。

4 空いたフライパンに1を入れて軽く煮詰め、3にかけ仕上げにオリーブオイル適量、パセリをふる。

Point

僕はささみの筋を取りませんが、気になる人は取ってもOK

キャベツの芯まで
バリウマ

焦がしの香りと
辛みそが合う **鉄板豚肉**

動画で
チェック!

材料（2人分）

豚こま切れ肉…220g
キャベツ…250g
Ⓐ 塩胡椒…適量
　 酒…大さじ1
　 片栗粉…小さじ2
ラード…大さじ1
Ⓑ 味の素…4ふり
　 すりおろしにんにく…5g
　 黒胡椒…適量（たっぷり）
　 塩…小さじ⅓
Ⓒ コチュジャン…小さじ1
　 ラード…小さじ1
　 豆板醤…小さじ1
　 すりおろしにんにく…5g
　 塩…1つまみ
　 味の素…2ふり
　 一味唐辛子…小さじ1

作り方

1 豚肉はⒶをもみ込んでおく。キャベツはひと口大にちぎり、芯は包丁で叩く。

2 フライパンにラードを熱してキャベツを炒める。全体に軽く焦げ目がついたらキャベツをフライパンの端に寄せ、空いたスペースで豚肉に焦げ目をつけながら炒め、全体を混ぜる（a）。

3 火が通ったらⒷを加えてさらに炒める。混ぜ合わせたⒸの辛みそをつけながら食べる。

a

Point

辛みそは塩分量が多いので
調整しながら食べてください

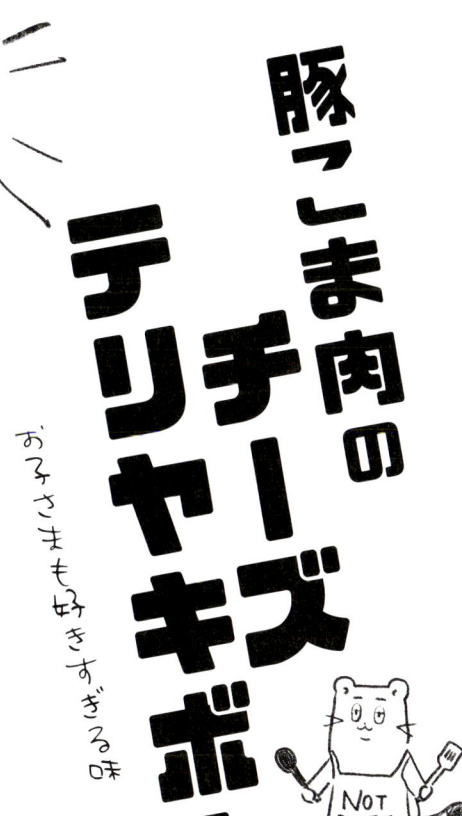

豚こま肉の チーズ テリヤキボール

おこさまも好きすぎる味

NOT BUZZ OKOJO

材料（2人分）

豚こま切れ肉…200g
ピザ用チーズ…40g
A　塩胡椒…適量
　　片栗粉…小さじ2
　　酒…大さじ1
サラダ油…適量

B　砂糖…大さじ½
　　みりん…大さじ1
　　酒…大さじ1
　　しょうゆ…小さじ2と½
　　味の素…3ふり

作り方

1 豚肉はハサミで細かく切ってボウルに入れ、チーズ、**A** を順に加えて混ぜ、ひと口大の大きさに丸める。

2 フライパンに少量のサラダ油を熱し、*1* を焼く。両面に焼き目がついて火が通ったら (a)、**B** を加えて煮立たせる (b)。好みで黒胡椒をふる。

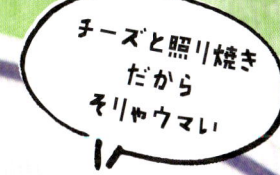
チーズと照り焼きだからそりゃウマい

バズらなくてもいいやと思えるほど本気でウマい肉おかず

おでんやさんの角煮

気分は屋台で飲み歩き

材料（作りやすい分量）

豚バラかたまり肉…600g
ゆで卵…4個

A
水…650ml
かつお節…3g
塩…小さじ1
しょうゆ…大さじ½
みりん…大さじ1
酒…大さじ2
味の素…5ふり

小ねぎ（小口切り）…適量
白いりごま…適量

作り方

1 豚肉は5cm幅に切る。

2 鍋に豚肉、ゆで卵、**A**を入れて沸騰させ、出てきた油をとり（a）、ふたをして1〜2時間煮込む。

3 ゆで卵を半分に切って**2**を器に盛り、小ねぎ、白ごま、好みでからしをそえる。

角煮のなかでもヘルシー

最高の
ごまダレができた

正直、鶏肉で
つくるよりウマい

棒棒豚
（バンバンブー）

動画で
チェック！

材料（2人分）

豚バラ薄切り肉…150g
きゅうり…2本（180g）
Ⓐ マヨネーズ…大さじ2
　白すりごま…大さじ2
　白だし…大さじ1
　ごま油…小さじ1
　砂糖…小さじ1
ラー油…適量

作り方

1 きゅうりは千切りにし、器に盛る。豚肉は5cm幅に切る。

2 沸騰したお湯1Lに塩小さじ1と⅓（分量外）を入れ、豚肉をゆでて流水で冷まし、水気をよくきる。

3 1のきゅうりの上に豚肉をのせ、混ぜ合わせたⒶ、ラー油をかける。好みで糸唐辛子、小ねぎをのせる。

Point

味変でしょうゆをつけると酒のお供にも

胡椒とレモンが
絶妙

白米と一緒に
いってほしい

豚塩焼きステーキ

材料（2人分）

豚ロース厚切り肉
…2枚（260g）
塩…適量
黒胡椒…適量
すりおろしにんにく…5g
片栗粉…適量
ラード（またはサラダ油）
…大さじ1
Ⓐ 酒…大さじ3
鶏ガラスープの素
…小さじ⅔
カットレモン…1個

作り方

1 豚肉は赤身と脂身の間に包丁を入れて筋を切り、形を整える。塩、黒胡椒をふり、にんにく、片栗粉をまぶす（a）。

2 フライパンにラードを熱し、豚肉を入れて両面に焼き色をつけながら焼く。

3 混ぜ合わせたⒶを加え、全体によく絡める（b）。器に盛り、レモンをそえる。

Point

ソースはよく混ぜて乳化させる

筋切り器を
使ってもOK

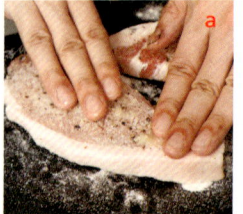

至高を超えた しょうが焼き

「しょうが焼き」の概念を取り払って食べてほしい

動画でチェック！

材料（2人分）

- 豚ロース厚切り肉…2枚（240g）
- 塩胡椒…適量
- **A**
  - すりおろししょうが…15g
  - 玉ねぎ（すりおろし）…60g
  - 酒…大さじ1
- 薄力粉…適量
- サラダ油…適量
- **B**
  - しょうゆ…大さじ1と⅔
  - 砂糖…小さじ1
  - みりん…小さじ2
  - 味の素…3ふり
- キャベツ（千切り）…適量
- マヨネーズ…適量

作り方

1 豚肉は赤身と脂身の間に包丁を入れて筋を切り（a）、形を整える。塩胡椒をふって **A** をまぶし、常温で15分ほど漬ける（b）。

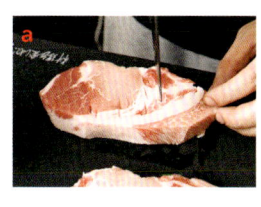

2 肉のまわりについたタレをぬぐって水気を拭き取り（c）、薄力粉をまぶす。漬け汁はとっておく。

3 フライパンにサラダ油を熱し、豚肉を両面3〜4分焼き（d）、キャベツを敷いた器に盛る。

4 フライパンを洗わずに、2の漬け汁、**B** を入れて煮詰める。とろみがついたら3にかけ、マヨネーズをそえ、好みで乾燥パセリをかける。

昔の洋食屋さん風の温故知新レシピ

PART 4

つっぱらなくてもいいやと思えるほど本気でウマい肉おかず

ご飯がすすみすぎる
肉キャベツ春雨

肉のうまみを春雨が吸い尽くした

材料（2人分）

豚ひき肉…120g
春雨…50g
キャベツ…200g
塩胡椒…適量
ごま油…小さじ1
しょうが（千切り）…5g
Ⓐ しょうゆ…大さじ1
　 オイスターソース…小さじ1
　 砂糖…大さじ½
　 味の素…5ふり
　 水…250ml
Ⓑ 酒…大さじ1
　 片栗粉…小さじ1
塩…1つまみ
黒胡椒、ラー油…各適量

作り方

1 ひき肉は塩胡椒をふる。キャベツはひと口大に切る。

2 フライパンにごま油を熱し、ひき肉を炒める。肉の色が変わったら、しょうが、キャベツを加えて全体がしんなりするまで火を通す。

3 Ⓐを加えて煮立たせ、春雨を加えて沸騰させる。よく混ぜ合わせたⒷでとろみをつけ、塩、黒胡椒、ラー油をかける。

本当はこういうのが一番ウマいんだよ

最高の牛ごぼう

動画でチェック！

ウマ辛くて甘すぎない最強のおかず

材料（2人分）

牛こま切れ肉…200g
ごぼう…200g
牛脂…1個
Ⓐ しょうゆ…大さじ3
　 みりん…大さじ4
　 日本酒…大さじ3
　 砂糖…大さじ1
　 水…100ml
　 かつお粉（P.10）…3g
　 味の素…3ふり

作り方

1 ごぼうは縦半分に切り、斜めに薄切りにする。牛肉は大きければ切る。

2 フライパンを熱して牛脂を溶かし、ごぼうを焦げ目がつくまで炒める。牛肉を加えてサッと炒め、Ⓐを加えて煮立たせる。ふたをし、弱中火にして12分ほど煮る。

3 ふたをはずして汁気を飛ばし、ごぼうがやわらかくなれば完成。好みで白ごまをふる。味変は山椒で。

Point

脂が多い部位であれば牛脂はなくてOK

パーコー風
唐揚げ

豚ロースの使い道は
とんかつだけじゃない

豚の唐揚げ

動画で
チェック!

材料（2人分）

豚ロース厚切り肉…300g
- **A** 砂糖…小さじ1
  片栗粉…小さじ1
  すりおろしにんにく…½片分
  しょうゆ…大さじ1
  オイスターソース…大さじ1
  味の素…4ふり
  カレー粉…小さじ¼
  五香粉…3〜4ふり
サラダ油…鍋底から1cm
片栗粉…適量
カットレモン…1個

作り方

1 豚肉はひと口大に切り、**A**をよくもみ込み常温で10分ほどおく（a）。

2 フライパンにサラダ油を熱し、片栗粉をまぶした*1*をカラリとするまで揚げる（b）。器に盛り、レモンをそえる。

Point

よ———くもみ込めば漬け時間なしで揚げちゃってもOK

ナツメグが
いい仕事してる

串なしの
家庭料理バージョンで
再現

スパイシー
シシカバブ

NDE BUZZ OKAPI

材料（4個分）

合びき肉…240g
Ⓐ 玉ねぎ (みじん切り)…¼個 (60g)
　顆粒コンソメ…小さじ1と½
　塩胡椒…適量
　パン粉…大さじ4
　水…大さじ2
　黒胡椒…適量
　カレー粉…小さじ⅔
　ナツメグ…3ふり
　すりおろしにんにく…1片分
塩…適量
カットレモン…1個

作り方

1 ボウルにひき肉、Ⓐを入れてよくこねる (a)。

2 12cm程度の棒状に成形し、オーブンシートの上に並べる (b)。

3 オーブントースター (250℃)で15分焼く。器に盛り、塩、レモン、好みでルッコラをそえる。

実はめっちゃ得意だから知ってほしい
魚介レシピ

けっこう「魚介レシピが見たい」という声もたくさんもらいます。
バズらないからあまり動画にしてきませんでしたが、
今回の掲載数は過去最多です。

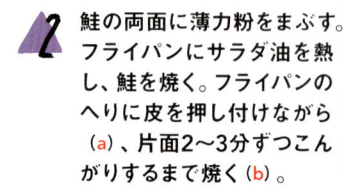

焼くだけだった
スーパーの鮭が
大変身

塩鮭のねぎまみれ

魚料理デビューならこれ

動画で
チェック!

材料（2人分）

甘塩鮭…2切れ（240g）
長ねぎ…60g
Ⓐ 塩…小さじ⅓
　味の素…4ふり
　黒胡椒…適量
　ごま油…小さじ2
薄力粉…適量
サラダ油…大さじ1
カットレモン…1個

作り方

1 長ねぎはみじん切りにして
ボウルに入れ、Ⓐを混ぜ
合わせる。

2 鮭の両面に薄力粉をまぶす。
フライパンにサラダ油を熱
し、鮭を焼く。フライパンの
へりに皮を押し付けながら
(a)、片面2〜3分ずつこん
がりするまで焼く(b)。

3 器に盛り、1のタレをのせて
レモンをそえ、好みで黒胡
椒をふる。

Point

ねぎの辛みが気になる場
合は水にさらしてください

これで漬ければ
どんな刺身でも
パワーアップ

ご飯にのせたら
米が砂でなくなる

韓国風漬け サーモン

材料（1人分）

サーモン（刺身用）…80g
レモン（輪切り）…2〜3枚
Ⓐ しょうゆ…大さじ1
　砂糖…小さじ1
　赤唐辛子（輪切り）…1本
　すりおろしにんにく…3g
　すりおろししょうが…3g
　味の素…3ふり
　黒胡椒…適量

作り方

1 サーモンは薄くそぎ切りに、レモンはいちょう切りにし、ともに保存容器に入れる。Ⓐを加えて漬ける。

この安心感は
魚でしか出せない

塩ぶり大根

材料（3〜4人分）

ぶりのあら…500〜600g
大根…400g
サラダ油…大さじ1
Ⓐ しょうが（千切り）…10g
にんにく（薄切り）…10g
水…200ml
酒…50ml
塩…小さじ1
みりん…大さじ1

作り方

1 ぶりは塩適量（分量外）をふって数分おき、血合いなどを流水でよく洗い、ペーパータオルで水気を取る。大根は皮をむいて1cm幅のいちょう切りにする。

2 フライパンにサラダ油を熱し、ぶりを皮目から入れて焦げ目がつくまで焼く（a）。油が出てきたらペーパータオルで拭く。

3 大根、Ⓐを加えて沸騰させ、ふたをして30分ほど煮る。

じゃがで
ボリュームアップ

タラのポテト焼き

魚に興味ない人こそ作ってほしい

材料（2人分）

タラ（皮なし）
　…2〜3切れ（200g）
じゃがいも…200g
Ⓐ 薄力粉…大さじ1
┤ 塩胡椒…適量
塩胡椒…適量
薄力粉…適量
オリーブオイル…適量
バター…15g
味の素…3ふり
Ⓑ しょうゆ…大さじ1
├ みりん…小さじ1
├ 黒胡椒…適量
└ 砂糖…1つまみ

Point

ふたをしないで
焼くからカリカリ
に仕上がる

作り方

1 じゃがいもはつま切りにして水気を絞り、ボウルに入れてⒶを混ぜる。タラは骨を抜いて塩胡椒をふり、少しおいて水気を拭き取り、薄力粉をはたく。タラの片面にじゃがいもの半量を貼り付ける。

2 フライパンにオリーブオイルを熱し、じゃがいもを貼った面を下にして焼く（a）。片面に残りのじゃがいもを貼り付け（b）、焦げ目がつくまで片面4〜5分ずつ焼いて器に盛る。

3 同じフライパンにバター、味の素を入れて軽く焦がし、弱火にしてⒷを加え（c）2にかける。好みで乾燥パセリ、黒胡椒をふる。

動画でチェック！

HOT

冷凍シーフードで
作れるのもgood

シーフードのプリッと感
が際立つ

海鮮塩豆腐

材料（2人分）

冷凍シーフードミックス
　…200g
木綿豆腐…350g
小松菜…100g
ごま油…大さじ1
にんにく（みじん切り）…5g
しょうが（みじん切り）…5g
Ⓐ 水…200ml
　中華あじ…小さじ1と1/2
　オイスターソース…小さじ1
　黒胡椒…適量
Ⓑ 片栗粉…小さじ2と½
　酒…小さじ4

作り方

1 シーフードミックスは水200ml
と塩小さじ1（分量外）の塩水で解
凍し、水気をきる (a)。えびは背
ワタを取る。小松菜は3cm長さ
に切る。豆腐は大きめのさいの
目切りにし、2分ほどゆでる。

2 フライパンにごま油を熱し、にん
にく、しょうがを炒める。香りが
出たらシーフードミックス、小松
菜を入れて炒め、Ⓐ、豆腐を加
えて煮立たせる。

3 混ぜ合わせたⒷでとろみをつけ
る。

Point

シーフードミックスを塩水で解凍
するとプリッと仕上がる

酒としょうがの効果で
いわしの臭みが消える

いわしのしょうが煮

こういう地味なものこそバズらせたい

材料（2人分）

いわし…300g
しょうが（千切り）…30g
Ⓐ 水…150ml
　酒…100 ml
　しょうゆ…大さじ4
　みりん…大さじ3
　砂糖…小さじ2
　酢…大さじ½

Point

煮汁にしっかり漬かるよう、小さめのフライパンで

作り方

1 いわしは包丁の先でうろこを取り、頭を切り落とす。腹の部分を斜めに切り、内臓を取ってよく洗う（a）。

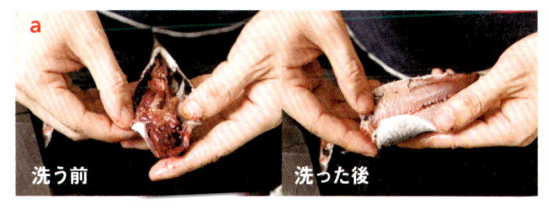

洗う前　　洗った後

2 小さめのフライパンにいわしを入れ、しょうがを散らし、Ⓐを入れて火にかける。ときどき煮汁をいわしにかけながら、強めの中火で13〜15分煮汁が半量になるまで煮る（b）。

火を使わない おもてなしメニュー ツナアボカドディップ

材料（作りやすい分量）

ツナ缶…1缶
アボカド…1個
A すりおろしにんにく…½片分
　塩…2つまみ
　マヨネーズ…大さじ1
　味の素…6ふり
　黒胡椒…適量
しょうゆ…適量
レモン汁…適量
オリーブオイル…適量
小ねぎ（小口切り）…適量
食パン（6枚切り）…2枚

作り方

1 アボカドは縦半分に切って種を取り除き、果肉をスプーンでくりぬいてボウルに入れる。油をきったツナ、**A** を加えてアボカドをつぶしながら混ぜ、器に盛る。

2 1にしょうゆ、レモン汁、オリーブオイルをかけ、小ねぎをのせる。好みでパセリ、パプリカパウダーをふる。トーストして4等分に切った食パンをそえる。

クリーミーなアボカドとコクうまツナがマッチ

パクパク食べちゃう 海鮮揚げ

材料（2人分）

冷凍シーフードミックス…200g
A しょうゆ…大さじ1と½
　みりん…小さじ1
　酒…小さじ1
　味の素…4ふり
　黒胡椒…適量
　すりおろしにんにく…1片分
片栗粉…適量
サラダ油…底から1cm
塩胡椒…適量
カットレモン…1個

作り方

1 シーフードミックスは水200mlと塩小さじ1（分量外）の塩水で解凍する。**A** を加えてもみ込み、20分ほど常温で漬け（a）、片栗粉を全体にまぶす。

a

2 フライパンにサラダ油を熱し、1を全体がカラリとするまで揚げる。器に盛り、塩胡椒をふってレモンをそえ、好みで乾燥パセリをふる。

サクッと噛んだ瞬間口に海が広がる

派手さはないけど本当においしい
野菜レシピ

パーティーの前菜に、副菜に、ときには主役級のポジションに。
普段食べない人も野菜を買いに行きたくなってしまうこと間違いなし。

焼きチーズトマト

トマト嫌いでもいける、一番ウツい食い方

動画で
チェック！

材料（2人分）

トマト…2個（320g）
ピザ用チーズ…50～70g
合びき肉…180g
塩胡椒…適量
オリーブオイル…大さじ½
にんにく（粗みじん切り）…10g
Ⓐ 塩…小さじ⅓
　 味の素…5ふり
　 オレガノ…小さじ½
　 黒胡椒…適量

作り方

1 トマトは半分に切って、5mm幅に切る。ひき肉は塩胡椒をふる。

2 フライパンにオリーブオイルを熱し、ひき肉を炒める。肉に火が通ったらにんにくを加えて炒め、トマトを加えてさらに炒める。Ⓐを加え、全体にとろみが出るまで炒める（a）。

a

3 アルミホイルの端を立てて器にし、2を入れてチーズをのせ、トースター（250℃）で8分チーズがこんがりするまで焼く。好みでオリーブオイル、乾燥パセリをふる。

NOT
BUZZ
OKOJO

もう、
ほぼピザです

Good

ズッキーニのステーキ

ステーキはズッキーニのために
あったのかもしれない

材料（1人分）

ズッキーニ…1本（200g）
塩胡椒…適量
バター…10g
にんにく（薄切り）…1片
Ⓐ しょうゆ…小さじ2
　ウスターソース…小さじ1
　酒…小さじ1
　味の素…3ふり
黒胡椒…適量
乾燥パセリ…適量

作り方

1 ズッキーニは縦半分に切り、断面に格子状に切り込みを入れ（a）、断面に塩胡椒をふる。

2 フライパンにバターを熱してにんにくを入れ、色づいたら一度取り出す。

3 同じフライパンを熱し、ズッキーニを断面から焼き、焦げ目がついたら裏返し（b）、ふたをして4〜5分蒸し焼きにする。Ⓐを加え、ズッキーニの断面を下にして煮詰める（c）。器に盛り、2をのせ、黒胡椒、パセリをふる。

ズッキーニの断面に
バターがしみしみ

PART **6**

派手さはないけど本当においしい野菜レシピ

いつものきゅうりが
別ものに変身

きゅうりの肉巻き

動画でチェック！

材料（1〜2人分）

きゅうり…2本
豚バラ薄切り肉
　…4枚（200g）
A 塩…適量
　味の素…適量
　黒胡椒…適量
オリーブオイル…適量
カットレモン…1個

作り方

1. きゅうりは縦半分に切り、1本につき豚肉1枚を巻きつける（a）。

2. A を順にふり、オーブントースター（250℃）で12〜15分きゅうりがホクッとするまで焼く。

3. 器に盛り、オリーブオイルをかけて、レモンをそえる。味変はマヨネーズ、タバスコで。

a

Point

きゅうりは長くてまっすぐなほうが見栄えよく仕上がります

みずみずしさと
豚の脂が合う

無限ザクザクなす

余ったらとかじゃなく
これのためになす買いたくなる

材料（2人分）

なす…230g
すりおろししょうが…5g
お塩控えめの・ほんだし（またはほんだし）…小さじ2

A
- 片栗粉…20g
- 薄力粉…20g
- ごま油…小さじ1
- 炭酸水…大さじ2と½と⅓

サラダ油…鍋底から1cm

Point
なすがカリッと硬くなったら揚がった合図

作り方

1. なすは乱切りにしてボウルに入れ、しょうが、ほんだしを入れてよくもみ込む。**A**を加えてさらにもみ込み、しっかりとなすにまとわせる（a）。

a

2. フライパンにサラダ油を熱し、*1*をカラリとするまで揚げる。味変はアジシオで。

動画でチェック！

時間がたってもサクサクが持続

PART
6

派手さはないけど本当においしい野菜レシピ

エンドレスオクラ

全国の居酒屋の小鉢にぜひ採用してほしい

動画でチェック！

材料（作りやすい分量）

オクラ…200g
納豆…2パック

A
塩昆布…6〜8g
ごま油…大さじ1
酢…小さじ1

Point

豆腐にのせてしょうゆをかけたり、ご飯にのせてしょうゆをかけたりして食べる

作り方

1 オクラはガクを取る。鍋に塩分濃度1%のお湯（分量外）を沸かし、オクラを2分30秒ほどゆで、流水で冷やして輪切りにする。

2 保存容器にオクラ、納豆、付属のタレとからし、**A**を加えて混ぜる。

アレンジはエンドレス
酒もガンガンいける

夏はきゅうりとトマトだけのものじゃない 冷やし漬け大根

動画でチェック!

おでんみたいに
味しみしみ

材料（作りやすい分量）

大根…½本（500g）
A 水…300ml
　　白だし…大さじ3と½
　　塩…小さじ⅓
　　オイスターソース
　　　…小さじ2
大葉（千切り）…5枚
かつお節…適量

作り方

1 大根は皮をむき、1cm幅の輪切りにしてから6等分にする。

2 鍋に1、かぶるくらいの水を入れて沸騰させ、ふたをして弱中火で15〜20分ゆでる。お湯を捨てて**A**を入れて火にかけ、ひと煮立ちしたら、大根に串が通るまでふたをして弱中火で5〜10分煮る。

3 粗熱がとれたら冷蔵庫で3時間ほど冷やし、大葉とかつお節をかける。

Point
大根の大きさによって
加熱時間を調整して

夏の最適解 合法トマト漬け

材料（作りやすい分量）

トマト…3個（450g）
玉ねぎ…1個（200g）
A ごま油…大さじ2と½
　　塩…小さじ½
　　酢…大さじ1と½
　　味の素…8ふり
　　オイスターソース…小さじ1
　　赤唐辛子（輪切り）…2本
小ねぎ（小口切り）…適量

作り方

1 トマトはざく切りに、玉ねぎはみじん切りにする。

2 保存容器に1、**A**を入れて混ぜ、小ねぎをかける。

ちょい辛・さっぱりだから
バクバクいける

PART 6

派手さはないけど本当においしい野菜レシピ

空心菜風 小松菜炒め

動画で
チェック!

材料（1〜2人分）

小松菜…230g
赤唐辛子…2本
米油…大さじ1
にんにく（みじん切り）…15g
Ⓐ ナンプラー…小さじ2
　　オイスターソース…小さじ1
　　味の素…5ふり
ごま油…大さじ½
黒胡椒…適量
酒…大さじ1
塩…1つまみ

Point

中華なので強火で
ササッと仕上げて

作り方

1 小松菜は根元に十字に切り込みを入れて洗い、4cm長さに切る。赤唐辛子は縦半分に切る。Ⓐは混ぜ合わせておく。

2 フライパンに米油を熱し、にんにくを炒める。色づいたら赤唐辛子、小松菜の茎の部分を加えて強めの中火で炒める（a）。

3 Ⓐを加えてさらに炒め、茎がしんなりと透き通ってきたら、葉を入れて全体をサッと炒める（b）。ごま油をかけ、黒胡椒、酒をふる。味を見て塩を足す。

空心菜はなかなか手に
入らないので小松菜で

豚ほうれん草炒め

ほうれん草が
メインのおかずに化ける

材料（1〜2人分）

ほうれん草…200g
豚バラ薄切り肉…160g
塩胡椒…適量
オリーブオイル…大さじ1
にんにく（みじん切り）…10g
赤唐辛子（輪切り）…適量
Ⓐ しょうゆ…大さじ1
　 酢…小さじ1
　 味の素…4ふり

作り方

1 ほうれん草は根元を細かく切り、茎と葉の部分は3等分に切る。ボウルに入れ、途中水を替えながら15分ほど水にさらして水気をよく絞る。豚肉は3〜4cm幅に切り、塩胡椒をふる。

2 フライパンにオリーブオイルを熱し、にんにくを炒める。にんにくが少し色づいたら、豚肉、赤唐辛子を入れて炒める。

3 肉に火が通ったら、Ⓐを加えて炒め、ほうれん草を加えて全体を強火で炒める。味変は黒胡椒で。

Point

ほうれん草はサッと
炒めるのがポイント

PART
6

派手さはないけど本当においしい野菜レシピ

米も酒も
めっちゃススム

焼肉屋さんで出てくるやつ

豆もやしのナムル

動画でチェック!

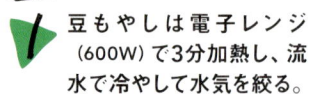

爆速でできる
副菜が誕生

材料（作りやすい分量）

豆もやし…200g
A 赤唐辛子（輪切り）…1本
　すりおろしにんにく…3g
　ごま油…小さじ2
　塩…小さじ¼
　砂糖…小さじ⅔
　しょうゆ…小さじ1
　酢…小さじ1
　コチュジャン…小さじ1と½
　味の素…6ふり
板のり…適量
白いりごま…適量

作り方

1 豆もやしは電子レンジ（600W）で3分加熱し、流水で冷やして水気を絞る。

2 ボウルに1、**A**を入れて混ぜ、味を見て砂糖を1つまみ（分量外）ほど加える。

3 器に盛り、のりをちぎってのせ、白ごまをふる。好みでコチュジャンを足す。

ちょっとおしゃな
キャベツの食べ方

焼きキャベツの シーザーサラダ

材料（2人分）

キャベツ…¼個（280g）
薄切りベーコン…40g
オリーブオイル…大さじ1
A 豆乳…大さじ2
　マヨネーズ…大さじ2
　顆粒コンソメ…小さじ⅔
　粉チーズ…大さじ1
　黒胡椒…少々
　塩…1つまみ
　すりおろしにんにく…少々
黒胡椒…適量
乾燥パセリ…適量

作り方

1 キャベツは4等分のくし形切りにする。ベーコンは5mm幅に切る。

2 フライパンを熱してベーコンを入れ、端がカリッとするまで炒めて取り出す。同じフライパンにオリーブオイルを熱し、キャベツを入れて両面に焼き目をつけたら、ふたをして弱中火でやわらかくなるまで焼く。

3 器に盛り、混ぜ合わせた**A**をかけ、ベーコン、黒胡椒、パセリをかける。

お好きなきのこで
どうぞ

きのこの
やみつきナムル

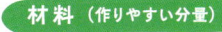
動画でチェック!

作り置きにもできる

エリンギ、しめじ、まいたけ（好みで）
　…合計350g
Ⓐ 塩…小さじ½
　味の素…6ふり
　黒胡椒…適量（思ってる3倍）
　ごま油…小さじ4
白いりごま…適量

作り方

▶1 エリンギは長さを半分に切って薄切りにする。しめじ、まいたけは手でさく。耐熱容器に入れて均等に混ぜ、ラップをかけて電子レンジ（600W）で5分加熱し、水気をきる。

▶2 1にⒶを加えてよく混ぜ、白ごまをひねりながらかける。

PART
6

派手さはないけど本当においしい野菜レシピ

刻まずじっくり焼いた
キャベツが甘い

動画で
チェック!

豆苗の一番うつい食べ方

豆苗たまご

材料 （1〜2人分）

豆苗…1袋（100g）
卵…2個
ごま油…大さじ½
オイスターソース…小さじ1
Ⓐ ほんだし…小さじ1
　 水…大さじ3
　 砂糖…1つまみ
サラダ油…適量

作り方

1 豆苗は根元のほうにある脇芽の上を切り離し、半分の長さに切る (a)。

2 フライパンにごま油を熱し、豆苗、オイスターソースを入れて炒める。豆苗がしんなりしたらボウルに移し、卵を割り入れ、Ⓐを加えてよく混ぜる (b)。

3 フライパンにサラダ油を熱し、*2*を入れて卵に焼き色がつくまでよく炒める (c)。器に盛り、好みでアジシオをかける。味変はラー油で。

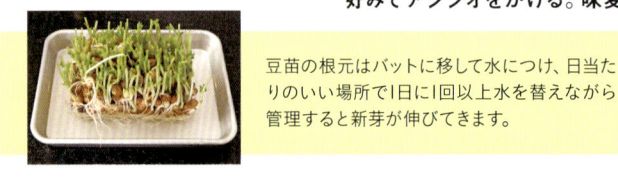
豆苗の根元はバットに移して水につけ、日当たりのいい場所で1日に1回以上水を替えながら管理すると新芽が伸びてきます。

豆苗の青臭さはゼロに

ブロッコリーのくたくた

ブロッコリー苦手な人も
いけると思う

動画で
チェック!

材料（2人分）

ブロッコリー…1個（正味300g）
オリーブオイル…大さじ2+適量
塩…小さじ½
　（ブロッコリーの重さの1%）
味の素…3ふり
酒…大さじ3
粉チーズ…適量

作り方

1 ブロッコリーは小房に分け、大きい場合は半分に切る。芯は外側を切り落とし、残った芯の部分を薄く切る。

2 フライパンにオリーブオイル大さじ2を熱し、ブロッコリー、塩、味の素を入れて炒める（a）。

a

3 酒を加えてふたをし、弱火で10分ほどブロッコリーがくたっとするまで蒸す。仕上げに粉チーズ、オリーブオイル適量をかける。味変は黒胡椒で。

ホロホロ食感で
食べやすい

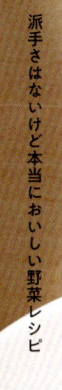

PART
6

派手さはないけど本当においしい野菜レシピ

- 79 -

カリカリクリスピーポテト

手が止まらなくなるので注意してください

材料（作りやすい分量）

じゃがいも…正味250g
塩…1つまみ
Ⓐ 薄力粉…大さじ1と½
　すりおろしにんにく…5g
　塩…小さじ⅓
　味の素…5ふり
サラダ油…底から1cm
アジシオ…適量
黒胡椒…適量

作り方

1 じゃがいもは皮をむいて千切り（またはつま切り）にして塩をもみ込み（a）、水気をよく絞る（b）。**Ⓐ** を加えて混ぜる。

2 フライパンにサラダ油を熱し、*1* をひと口大につまんで入れ、強めの中火でカリッとするまで揚げる（c）。器に盛り、アジシオ、黒胡椒をふる。

ザクザク

スナックみたいなカリカリ感

大人が童心に返る
わんぱくおつまみ

カリッと ジャガチーズ

動画で
チェック！

材料（作りやすい分量）

じゃがいも…正味250g
水…大さじ1と½
Ⓐ 顆粒コンソメ…小さじ1
　 片栗粉…小さじ2と½
　 塩…1つまみ
　 ピザ用チーズ…70g
サラダ油…大さじ1〜2
黒胡椒…適量

Point

焼くときの油はケチらずに
使ってください

作り方

1 じゃがいもは適当な大きさに切り、耐熱容器に入れる。水を加えてラップをかけ、電子レンジ（600W）で6分加熱する。

2 熱々なうちにじゃがいもをつぶし、Ⓐを加えてチーズを溶かしながらよく混ぜる（a）。

3 フライパンに2をひと口大に成形して並べ、サラダ油を入れて強めの中火でこんがりとするまで両面焼く（b）。黒胡椒をふり、好みでアジシオをかける。

a

b

PART **6**

派手さはないけど本当においしい野菜レシピ

チーズ芋もち的な
料理です

合法ドレッシング
サラダ

動画でチェック！

材料（作りやすい分量）

レタス…180〜200g
豚こま切れ肉…140g
塩胡椒…適量
サラダ油…適量

Ⓐ
玉ねぎ（すりおろし）…25g
すりおろしにんにく…3g
しょうゆ…大さじ2
酢…大さじ2
米油…大さじ2
砂糖…小さじ2
味の素…8ふり
黒胡椒…適量（思ってる2倍）

作り方

1 レタスは食べやすい大きさにちぎり、冷たい水で洗って水にさらす。豚肉は塩胡椒をふる。フライパンにサラダ油を熱し、豚肉をちぎりながら加え、赤い部分がなくなるまで炒める。

2 ボウルにⒶの材料をすべて入れてよくかき混ぜる。

3 器にしっかりと水気をきったレタスを盛り、豚肉、2のドレッシングをかける。

Point
野菜の水気はしっかりときるのがポイント

どんな野菜もこれさえかければ無限に食える

7

バズらなくても家計を助けたい
卵・豆腐レシピ

味玉、サラダ、あんかけ、豆腐肉団子などバリエーション豊富。
そしてだいたい冷蔵庫にある卵と豆腐は優秀な食材です。

Yes!

無限 揚げたまごサラダ

僕の好きなタイ料理を知ってもらいたい

この料理はナンプラーマストです

材料（2人分）

卵…2個
トマト…70g
きゅうり…60g（大½本）
玉ねぎ…30g
A ナンプラー…大さじ1
レモン汁…大さじ½
砂糖…大さじ½
味の素…5ふり
一味唐辛子…5ふり
塩…1つまみ
すりおろしにんにく…3g
サラダ油…大さじ3

作り方

1 トマトは半分に切って薄切りにする。きゅうりは千切り、玉ねぎは薄切りにする。ボウルに入れ、Aを加えて混ぜ合わせる（a）。

2 フライパンにサラダ油を強火で熱し、卵を割り入れる。卵黄をつぶして半分に折りたたみ（b）、フライパンを傾けながらカリッとするまで揚げる（c）。取り出したら8等分に切る。

3 器に1を盛り、2の卵をのせる。

Point

食べるときはよーく混ぜて

全部1人で
食べきれちゃうくらい
自信作

目玉焼きのグラタン

材料（2人分）

卵…3個
ほうれん草…100g
バター…10g
薄力粉…大さじ1と½
塩胡椒…適量
Ⓐ 牛乳…200ml
　 顆粒コンソメ
　　　…小さじ1と½
　 ナツメグ…4ふり
ピザ用チーズ…50g

作り方

1 ほうれん草は根元の部分は細かく切り、茎と葉の部分は7〜8cm長さに切る。ボウルに入れ、途中水を替えながら15分ほど水につけ、水気をよく絞る。

2 フライパンにバターを熱して卵を割り入れ、両面を焼いてターンオーバーの目玉焼きを作る（a）。ほうれん草を加えて卵を崩しながら混ぜ（b）、薄力粉、塩胡椒を加えて粉っぽさがなくなるまで炒める。

3 Ⓐを加えて煮詰め（c）、とろみがついたら耐熱容器に移す。チーズをのせてオーブントースター（250℃）で8分こんがりとするまで焼く。好みで乾燥パセリをふる。

工程3でとろみが足りない場合は、油と薄力粉を混ぜ合わせたものを加える。

ホクホク♪

白身と黄身の食感の違いを楽しめるグラタン

くずした卵黄を
絡めて食うのが最高

黄金にくたま焼き

動画で
チェック!

Point

豚肉はこま肉でもロース肉でも

材料（1～2人分）

卵…3個
もやし…200g
豚バラ薄切り肉…140g
アジシオ…適量
Ⓐ トマトケチャップ…大さじ2
　 中濃ソース…大さじ2
　 ほんだし…小さじ½
ピザ用チーズ…60g

作り方

1 フライパンにフライパン用アルミホイルを敷き、もやし、ひと口大にちぎった豚肉を入れ、アジシオをふる。真ん中に卵を割り入れ、混ぜ合わせたⒶをかけ(a)、チーズを散らす(b)。

2 ふたをして中火にかけ、卵に火が入るまで10分ほど蒸し焼きにする。

3 好みでアジシオと黒胡椒、あれば乾燥パセリをふる。味変はマヨネーズで。

a

b

ホイルのまま
皿に移せる

なんとも優しい味

地味だけど
定期的にこういうのが
食べたくなる

豆腐の たまごあんかけ

a

b

材料（2人分）

絹豆腐…2パック（300g）
卵…1個
長ねぎ…30g
Ⓐ 水…200ml
　ほんだし…小さじ2
　しょうゆ…小さじ2
　みりん…小さじ2
Ⓑ 片栗粉…大さじ½
　水…大さじ1
かつお節…適量
小ねぎ（小口切り）…適量

作り方

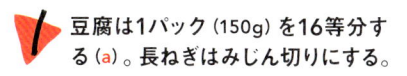

1 豆腐は1パック（150g）を16等分する（a）。長ねぎはみじん切りにする。

2 フライパンに豆腐、Ⓐを入れて沸かし、長ねぎを入れて煮立たせ、混ぜ合わせたⒷの水溶き片栗粉を入れてとろみをつける（b）。

3 溶きほぐした卵を3回に分けて加える（c）。器に盛り、かつお節と小ねぎをかける。

c

豆腐を使うから
めっちゃ軽い

アジシオは
必須です

豆腐と豚ひき肉の 無限肉団子

動画でチェック！

材料（1〜2人分）

豚ひき肉…150g
絹豆腐…150g
Ⓐ マヨネーズ…大さじ1
　塩…小さじ⅓
　味の素…5ふり
　黒胡椒…適量
　　　（思っている3倍）
　パン粉…大さじ2
　すりおろしにんにく…5g
　片栗粉…大さじ1
サラダ油…大さじ1
アジシオ…適量
黒胡椒…適量
カットレモン…1個

作り方

1 ボウルにひき肉、水気をきった豆腐、Ⓐを入れてよく混ぜる。

2 フライパンにサラダ油を熱し、/をスプーンで丸めながら落とし、ふたをして3分ほど焼く。ひっくり返し (a)、さらにふたをして3分ほど焼く。

a

3 器に盛り、アジシオ、黒胡椒をふり、レモンをそえる。味変はカレー粉で。

Point

冷蔵庫から出したてのお肉を使ってください

いつもの味玉に
飽きたら

塩味玉

塩とにんにくが
卵に合う

材料（6個分）

卵…6個
長ねぎ…25g
Ⓐ 水…120ml
　鶏ガラスープの素
　　　…小さじ4
　塩…小さじ⅓
　つぶしたにんにく…1片
　かつお節…2g
　砂糖…小さじ½

作り方

1 鍋に湯を沸騰させ、卵を8分ゆでて殻をむく。長ねぎは縦半分に切り、3〜4cm長さに切る。

2 ポリ袋にゆで卵、長ねぎ、Ⓐを入れ (a)、冷蔵庫で一晩漬ける。器に盛り、好みで黒胡椒をふる。

a

このふわもち感のために
豆腐がある

ハムチーズ豆腐焼き

Point

くっつきやすいのでテフロン加工のフライパンでやってください

材料（2人分）

- 絹豆腐…150g
- ハム…35g
- **A** ピザ用チーズ…25g
  - 片栗粉…大さじ2
  - 顆粒コンソメ…小さじ½
  - 黒胡椒…適量
- サラダ油…適量
- アジシオ…適量
- 黒胡椒…適量

作り方

 ハムは粗みじんに切る。ボウルに入れ、豆腐、**A** を加え、豆腐の粒っぽさがなくなるまで混ぜる。

 フライパンにサラダ油を熱し、**1** を入れて丸く形を整える（a）。焼き色がついたら、ふたに滑らせて取り出し、フライパンをかぶせてひっくり返す（b）。もう片面も焼き色がつくまで焼く。

3 器に盛り、アジシオと黒胡椒をふる。

PART 7

バズらなくても家計を助けたい卵・豆腐レシピ

お財布にも優しい

意外と
こってりしています

豆板醤を使わない
和風マーボー

マーボー納豆

 動画で
チェック!

材料 (1人分)

絹豆腐…150g
納豆…1パック
豚ひき肉…50g
長ねぎ…⅓本
ごま油…小さじ2
塩、胡椒…各少々
にんにく (みじん切り) …1片
 水…80ml
　みそ…大さじ½
　白だし…小さじ2強
　砂糖…小さじ⅓
　一味唐辛子…小さじ⅓
小ねぎ (小口切り) …適量
ラー油…適量

作り方

1 長ねぎはみじん切りにする。

2 フライパンにごま油を熱し、ひき肉を炒め、塩、胡椒をふる。肉に火が通ったらにんにくを炒め、納豆を加えて軽く炒める。

3 豆腐をスプーンでひと口大にすくって入れ、を加えてとろみが出るまで煮て、長ねぎを加えて全体を混ぜる。器に盛り、小ねぎをのせ、ラー油をかける。

酒飲みの悶絶が止まらない
おつまみ

言ってしまえば僕のレシピはだいたい「飲める」料理ですが、
そのなかでも特に酒飲みをうならせた、いや、悶絶させたおつまみをお試しあれ。

焦がしにんにくで
作るから
香りがレベチ

砂肝の一番ウマい
食い方はこれ

焦がし ガーリック砂肝

動画で
チェック!

材料（2人分）

砂肝…200〜220g
塩胡椒…適量
ラード…大さじ1
にんにく（輪切り）…2片
Ⓐ みりん…大さじ1
　 しょうゆ…小さじ2
　 オイスターソース…小さじ1
　 黒胡椒…適量（思ってる3倍）
　 味の素…3ふり

作り方

1 砂肝は銀皮にダイヤモンドカットに切り込みを入れ（a）、塩胡椒をふってもみ込む。

2 フライパンにラードを熱し、にんにくを焦がしてガーリックチップを作り（b）、取り出す。

3 同じフライパンを熱して砂肝を炒め、肉に火が通ってきたらⒶを加えて炒める（c）。ガーリックチップを戻して全体を混ぜる。

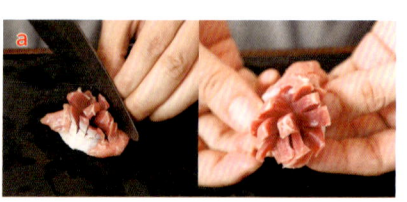

Point

格子状に切り目を入れるから火が入りやすい

春巻きの皮がパリッ、
チーズがとろり

パリッからのモチッがたまらない

とろける明太子春巻き

動画でチェック！

材料（4本分）

明太子…48g
春巻きの皮…4枚
大葉…8枚
サトウの切り餅 いっぽん
　（普通の切り餅を半分に
　切ってもOK）…4本
ピザ用チーズ…96g
Ⓐ 小麦粉…小さじ2
　水…小さじ2
サラダ油…鍋底から1cm

Point

ころがしながら全面を
揚げ焼きにする

作り方

1 まな板に春巻の皮1枚を置き、大葉2枚、切り餅、明太子12g、チーズ24gを横長にのせる (a)。皮の手前を具にかぶせるように折り、左右を内側に折ってから最後まで巻く。巻き終わりを混ぜ合わせたⒶで留める。残りの3つも同様に巻く。

2 フライパンにサラダ油を熱し、1をころがしながら5分ほど弱中火で揚げる (b)。

3 揚がったものからペーパータオルにのせて油をきる。味変はアジシオ、タバスコで。

a

b

なすってこんなに甘かったんだってなる

なすのガレット

外はカリッと中はジュワッ〜と

材料（2人分）

なす…2本 (150g)
ツナ缶…½缶
Ⓐ 片栗粉…大さじ1
  ピザ用チーズ…40g
  これ!うま!!つゆ
    …小さじ2
  黒胡椒…適量
オリーブオイル…小さじ1
アジシオ…適量

作り方

1 なすはラップに包み（a）、電子レンジ（600W）で4分加熱する。粗熱がとれたらヘタを取り、千切りにして（b）ボウルに入れ、油をきったツナ、Ⓐと混ぜ合わせる。

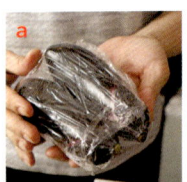

2 フライパンにオリーブオイルを熱し、1を薄く伸ばし入れ、丸く形を整えながら焼く（c）。

3 1〜2分ほど焼き、焼き目がついたらふたに滑らせて取り出し、フライパンをかぶせてひっくり返す（d）。もう片面も焼き色がつくまで焼く。器に盛り、アジシオをふる。

Point

なすはレンチンすると熱々になるので火傷に注意。包丁で半分に割ると早く冷めるよ

超サックリ！

酒持化型の
おつまみができました

豚キムチチヂミ

動画でチェック！

Point

できれば粉物は
計量してください

NOT BULZ OKOJO

材料（1〜2人分）

豚こま切れ肉…80g
白菜キムチ…80g
玉ねぎ…¼個（60g）
A 薄力粉…25g
　片栗粉…25g
　炭酸水…50ml
塩…小さじ¼
味の素…6ふり
ごま油…小さじ2＋小さじ1
サラダ油…小さじ2＋小さじ1
B しょうゆ…大さじ1
　酢…小さじ2
　コチュジャン…小さじ⅔
　砂糖…小さじ⅔
　白いりごま…適量

作り方

1 玉ねぎは薄切りに、豚肉、キムチは細かく切る。ボウルに **A** を入れて混ぜ合わせ、塩、味の素をふって混ぜ、玉ねぎ、キムチ、豚肉を加えてよく混ぜる。

2 フライパンにごま油、サラダ油各小さじ2を熱し、*1* を流し入れ、押しつけながら強めの中火で2〜3分焼く。

3 ふたに滑らせて取り出して（a）、フライパンをかぶせてひっくり返し、鍋肌にごま油、サラダ油各小さじ1を流して2〜3分焼く（b）。切り分けて器に盛り、好みで糸唐辛子をのせ、混ぜ合わせた **B** をつけて食べる。味変はラー油で。

ご飯やうどんにも
のっけて食べたい

江戸川の競艇場
とかで食いたい

牛こま土手焼き

動画で
チェック!

材料（2〜3人分）

牛こま切れ肉…250g
こんにゃく…1枚（200g）
しょうが（千切り）…15g
Ⓐ 水…500ml
　酒…大さじ3
　白だし…大さじ1と½
みそ…大さじ4
砂糖…大さじ3
小ねぎ（小口切り）…適量
七味唐辛子…適量

Point

アクは沸騰すると1か所に
集まるので取りやすい

作り方

1 こんにゃくはぬるま湯でこすりながら洗い、スプーンで小さめのひと口大に切る（a）。

2 鍋に牛肉をちぎりながら入れ、こんにゃく、しょうが、Ⓐを入れて火にかける。沸騰したらアクを取り、みそ、砂糖を加えて溶かす。

3 ふたをし、水分が飛んでとろみがつくまで、1時間ほど中火で煮込む（b）。器に盛り、小ねぎ、七味唐辛子をかける。味変はタバスコで。

のりの風味が際立つ

Good!!

長いものり塩バター焼き

形はだいたいでいいよ
いびつでもウマいから

材料（2人分）

長いも…300g

Ⓐ 片栗粉…大さじ2
　ほんだし…小さじ1
　乾燥あおさのり
　　…大さじ1と½

バター…15g
アジシオ…適量

Point

あおさのりの代わりに青のりを使う場合は、分量を少なめに調整してください

作り方

1 長いもは金属製のフォークを切り口からしっかり刺し、直火であぶってひげ根を焼ききる。ポリ袋に入れてⒶを加え、硬いもので叩いてつぶし（a）、よくもみ込む（b）。

2 フライパンにバターを熱し、ポリ袋の一角を2cmほど切り、たねを絞るようにして適量ずつ出していく（c）。

3 ヘラで形を整えながら、両面こんがりとするまで焼く（d）。器に盛り、アジシオをふる。

牛肉のレア食感と
ソースが超融合

ステーキのタルタル

この本を読んでくれたあなたには
こっそり教えちゃいます

材料 (2人分)

牛ステーキ肉 (もも、サーロイン
など好みの部位で) …150g

玉ねぎ…30g

塩胡椒…適量

バター…10g

Ⓐ 塩…小さじ¼
　 ウスターソース…小さじ2
　 ケチャップ…小さじ1
　 粒マスタード…小さじ½
　 黒胡椒…適量
　 味の素…3ふり

卵黄…1個分

Point

牛肉は新鮮なものを使い、
表面と側面はしっかりと焼
きましょう

作り方

1 牛肉は塩胡椒をふる。玉ねぎ
はみじん切りにする。

2 フライパンにバターを強めの
中火で熱し、牛肉の両面を30
秒ほどずつサッと焼いて (a) 取
り出し、5mmほどの粗みじん
切りにする。

3 ボウルに牛肉、フライパンに
残ったバター、玉ねぎ、Ⓐを
加えてバターをまとわせるよう
によく混ぜる。器に盛り、卵黄
をのせ、好みでタバスコ、乾燥
パセリをふる。

ポテサラレシピのなかで
一番うまいかもしれない

UMAI

SAKE

レンジだけで作る極上のおつまみ

タラモサラダ

動画で
チェック!

材料（1〜2人分）

じゃがいも…正味280g
明太子…60g
玉ねぎ…¼個（60g）
酒…大さじ2

Ⓐ バター…10g
　すりおろしにんにく…½片分
　砂糖…小さじ½
　味の素…5ふり
　しょうゆ…小さじ1
　塩…1つまみ
　黒胡椒…適量
マヨネーズ…大さじ2（32g）
大葉（千切り）…適量

作り方

1 じゃがいもは皮をむき6等分にする。玉ねぎは繊維に対して垂直に薄切りにする。明太子は包丁の背で身をこそげ取る。

2 耐熱容器にじゃがいも、玉ねぎ、酒を入れて（a）電子レンジ（600W）で6分30秒加熱する。

3 Ⓐを加えたらじゃがいもを軽くつぶし、明太子を加えて混ぜる。粗熱をとって冷蔵庫で冷まし、マヨネーズを加えて混ぜる。器に盛り、大葉をのせる。味変はレモン汁で。

Point

新じゃがで作る場合は
加熱するとき、酒の量を
少なめにしてください

Simple is the BEST!!

NOT BUZZ OKOJO

簡単だけど
おしゃれな一品

ビジュアルも
楽しい

アボカド
グラタン

動画で
チェック!

材料（2個分）

アボカド…1個
薄切りベーコン…40〜50g
Ⓐ マヨネーズ…25g
  味の素…4ふり
  塩…小さじ¼
  ガーリックパウダー…5ふり
  黒胡椒…適量
ピザ用チーズ…適量

作り方

1 アボカドは縦半分に切って種を取り、スプーンで実を取り出し、硬ければ包丁で細かく切り、やわらかければスプーンで崩す。皮は器としてとっておく。ベーコンは5mm角に切る。

2 ボウルにアボカド、ベーコン、Ⓐを入れて混ぜ (a)、とっておいた皮の器に詰める (b)。

3 チーズを押すようにのせ (c)、オーブントースター（250℃）で10〜15分チーズがこんがりするまで焼く。好みで乾燥パセリ、オリーブオイルをかける。

Point

チーズはたっぷり30〜35gくらいがおすすめ

うちの実家は
ここにしょうゆを
かける

きゅうりの最高傑作漬け

子どものころから食べていた味

材料 （作りやすい分量）

きゅうり…300g	昆布…5g
大葉…10枚	ごま油…小さじ1
しょうが（千切り）…10g	酢…小さじ1
塩…小さじ1と½	

作り方

1 きゅうりは斜め薄切りにする。大葉は繊維に逆らって千切りにする。

2 ポリ袋にきゅうり、しょうが、塩を入れてよくもみ込む。バットなどで挟んで重いものをのせて重しをし、20分ほどおく（a）。

3 きゅうりを絞ってしっかりと水気を出し（b）、昆布をハサミで細かく切りながら加える（c）。大葉、ごま油、酢を加えてさらにもみ込み、10分ほど冷蔵庫で漬ける。味変は味の素としょうゆで。

Point

水気を絞るほど
味がしっかりつく

動画で
チェック！

あさりよりおいしいかもしれない

動画でチェック!

きのこの酒蒸し

材料（2人分）

好きなきのこ
（しめじ、エリンギなど）…250g
薄切りベーコン…35g
サラダ油…大さじ½
にんにく（粗みじん切り）…2片
塩…小さじ⅓
酒…100ml
Ⓐ 味の素…4ふり
　黒胡椒…適量（思ってる2倍）
バター…8g
黒胡椒…適量
小ねぎ（小口切り）…適量

作り方

1 しめじは石づきを取ってほぐす。エリンギは8mm程度の輪切りにする。ベーコンは細切りにする。

2 フライパンにサラダ油を熱してにんにくを色づくまで炒め、ベーコンを加えて炒める。ベーコンの端がちりちりしてきたら、きのこ、塩を加えてツヤが出るまで炒める。

3 酒を加えて強火にし（a）、Ⓐを加えて汁気がなくなるまで煮詰める（b）。火を止め、バターを溶かし混ぜ、黒胡椒、小ねぎをかける。味変は柚子胡椒で。

すべてのうまみがきのこにギュッと入っている

主菜寄りの副菜にも、おつまみにも

ジャーマンポテトチーズ焼き

動画でチェック!

材料（作りやすい分量）

じゃがいも…2個（300g）
薄切りベーコン…35g
玉ねぎ…¼個
バター…10g
Ⓐ 黒胡椒…適量
　顆粒コンソメ…小さじ1
　塩…少々
ピザ用チーズ…40g

作り方

1 じゃがいもは皮をむいて輪切りにし、耐熱容器に入れて電子レンジ（600W）で5分加熱する。ベーコンは細切りに、玉ねぎは薄切りにする。

2 フライパンにバターを熱し、玉ねぎ、ベーコンを炒める。じゃがいもを加え、崩しながら炒め、Ⓐを加えて炒める。

3 2を耐熱容器に移し（a）、チーズをのせてオーブントースター（250℃）で6〜8分チーズが溶けるまで焼き、好みで乾燥パセリをふる。味変はタバスコで。

おそろしくうマい酒盗
俺でなきゃ見逃しちゃうね

酒盗アンチョビ キャベツ

動画で
チェック！

パスタを入れても
ウマい

材料（作りやすい分量）

酒盗…小さじ1と½
キャベツ…正味250g
バター…10〜15g
にんにく（みじん切り）…1片
塩…1つまみ
黒胡椒…適量
味の素…2ふり

作り方

 キャベツは芯を落とし、ざく切りにする。

 フライパンにバターを弱火で熱し、にんにくを入れて炒める。香りが出たらキャベツ、塩を加えて中火で炒める。

 酒盗を加えてしんなりとするまで炒め、黒胡椒、味の素をふる。

Let's PARTY!!

酒盗はしいの食品のやつ使ってます。クリームチーズにのせて食べるのもおすすめ

これはビールと

酒飲みの悶絶が止まらないおつまみ

3次会くらいにあると嬉しい

動画でチェック!

水を使わないから
酔っぱらいでも作れる

マッシュルームの カルパッチョ

調味料は
たっぷりめが
おすすめ

材料（作りやすい分量）

マッシュルーム…1パック（100g）
アジシオ…適量
オリーブオイル…適量
粉チーズ…適量
黒胡椒…適量
乾燥パセリ…適量

作り方

1　マッシュルームはペーパータオルで軽く汚れをぬぐい（a）、薄切くスライスする。

2　マッシュルームを器に盛り、アジシオ、オリーブオイル、粉チーズ、黒胡椒、パセリを順にかける。

Point

香りが飛ぶ原因になるので、マッシュルームは水で洗わない

材料（1個分）

カマンベールチーズ
　…½個（横に半分に切る）
長ねぎ…⅕本
大葉…2枚
みょうが…½個
A　みそ…小さじ1
　　砂糖…小さじ½
　　水…小さじ1
　　味の素…1ふり

作り方

1　長ねぎは小口切りにする。大葉は千切りに、みょうがは斜めにスライスする。

2　耐熱容器にチーズの断面を上にしてのせ、混ぜ合わせたAを塗る。ラップをかけずに電子レンジ（600W）で30〜40秒加熱する。

3　ねぎ、大葉、みょうがをのせ、好みでクラッカーをそえる。

NOT BUZZ
OKOJO

おつまみ

動画で
チェック!

僕の好きなラーメン店の
野沢菜醤をイメージ

小松菜醤

材料（作りやすい分量）

小松菜…200g
しょうゆ…大さじ1
 豆板醤…小さじ1と⅓
味の素…7ふり
ごま油…小さじ2

ここから
サラダ油で炒めると
また違った味に

作り方

1. 小松菜は根元に十字に切り込みを入れて洗い、5cm長さに切る。

2. ポリ袋に小松菜、しょうゆを入れてもみ込む。袋のまま広げてバットなどに挟み、重いものをのせて重しをし、30分ほどおく（a）。

3. 水分をしっかりと絞り出し（b）、を入れてよくもみ込む。好みでしょうゆを足す。

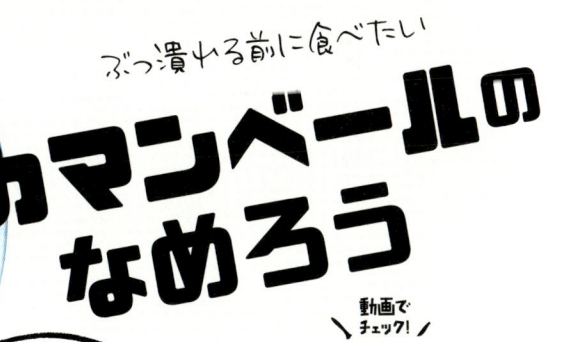

ぶっ潰れる前に食べたい

カマンベールの
なめろう

これ作ったら
また飲み再開

動画で
チェック!

即できるのにすごいパンチカ

エンドレスもやし

材料（作りやすい分量）

もやし…200g
薄切りベーコン…40g
オリーブオイル…小さじ1
にんにく（薄切り）…10g
Ⓐ しょうゆ…大さじ1
　砂糖…小さじ½
　味の素…5ふり
バター…10g
黒胡椒…適量

もやしを入れてからは一瞬で仕上げて

作り方

1. ベーコンは細切りにする。もやしは電子レンジ（600W）で1分加熱する。フライパンにオリーブオイルを熱し、にんにくを炒め、ガーリックチップを作って取り出す。

2. 同じフライパンでベーコンを軽く焦げ目がつくまで炒める。一度火からおろして、Ⓐを加えて再び火にかけ、もやし、バターを加えてサッと炒め、黒胡椒をふる。

3. バターが溶けたら器に盛り、1のガーリックチップ、追加で黒胡椒をふる。

これがあれば4次会以降も無限に酒がいける

無限白菜

明太子の塩味が最高なのよ

材料（作りやすい分量）

白菜…300〜350g
塩…小さじ½
明太子…1本
Ⓐ かつお節…2g
　黒胡椒…適量
　ごま油…大さじ1
ラー油…適量

作り方

1. 白菜は細切りにしてボウルに入れ、塩を加えて水分が出てくるまでもみ込み、水気をよく絞る（a）。

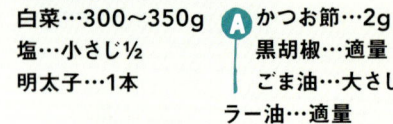

2. 1に包丁の背で身をこそげた明太子、Ⓐを加えて混ぜる。器に盛り、ラー油をかける。

Point

白菜をギュンと絞って水分を抜くことが大切

一軍レシピに絶対ランクインする
究極のめん類

無添加ラーメン、別ゆでパスタなど
普段のバズレシピとは一味違う究極のめんレシピをお届けします。

無添加 みそラーメン

化学調味料アンチの人もニッコリ

作り方

1 鍋にⒶを入れて沸騰させる。10〜15分だしが出るまで煮たら（a）、みそを加えて溶かし、少し煮る（b）（昆布は取り出しても取り出さなくても）。

2 別の鍋に湯を沸騰させ、中華麺を袋の表示時間通りにゆでる。

3 器にゆでた中華麺、スープを盛り、小ねぎをのせ、好みで七味唐辛子をふる。

Point
みそベースなのでアクは取らなくてOKです

家で作れるレベルを超越

この透き通ったスープを見よ

無添加豚だしラーメン

材料（1人分）

中華麺…1袋
Ⓐ 水…400ml
　豚ひき肉…150g
　にんにく（薄切り）…10g
　しょうが（薄切り）…10g
　昆布…4g
Ⓑ しょうゆ…大さじ2
　塩…小さじ¼
　砂糖…小さじ½
　みりん…小さじ2
　ホワイトペッパー…4ふり
ラード…大さじ2
長ねぎ（青い部分）…3〜4cm
小ねぎ（小口切り）…適量

作り方

1 鍋に **Ⓐ** を入れて沸騰させ、**Ⓑ** を加えてふたをし、途中アクを取りながら15分ほど煮る（a）。

2 フライパンにラードを熱して長ねぎを両面こんがりとするまで焼き、ねぎ油を作る（b）。

3 別の鍋に湯を沸騰させ、中華麺を袋の表示時間通りにゆで、器に盛る。*1*のスープをざるでこし、お玉などで押してスープをしっかりと絞り出す（c）。*2*、小ねぎ、好みでゆで卵をのせる。

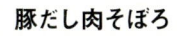

豚だし肉そぼろ

フライパンにサラダ油少々、*3*で残った具（昆布は切る）、しょうゆ小さじ2、黒胡椒でサッと炒めると肉そぼろが完成。ご飯にのせれば丼に。

鶏ひき肉を使えば鶏だしラーメンになる

素材の味が際立つ
あっさり味
無添加塩ラーメン

材料〈1人分〉

中華麺…1袋

A 水…400ml
　豚ひき肉…150g
　しょうが（薄切り）…10g
　昆布…5g

B 塩…小さじ1
　みりん…小さじ2
　酒…大さじ1
　かつお粉（P.10）…2g

ラード…大さじ2

長ねぎ（青い部分）…3〜4cm

ホワイトペッパー
　（なければS&B テーブルコショー）
　　…4ふり

ゆで卵…1個

小ねぎ…適量

作り方

1 鍋に **A** を入れて沸騰させ、**B** を加えてふたをし、途中アクを取りながら15分ほど煮る（a）。

2 フライパンにラードを熱して長ねぎを両面こんがりとするまで焼き、ねぎ油を作る（b）。

3 別の鍋に湯を沸騰させ、中華麺を袋の表示時間通りにゆでて器に盛る。1のスープをざるでこし、お玉などで押してスープをしっかりと絞り出す（c）。2、ホワイトペッパーをふり、ゆで卵、小ねぎをのせる。好みで卵に塩をふる。

ごま油肉そぼろ

フライパンにごま油小さじ2、3で残った具（昆布は切る）、塩胡椒をふれば、即席肉そぼろの完成。

二日酔いの日に
飲み干したい系の
スープ

別ゆで究極の和風パスタ

このつるっと感は別ゆででしか出せない

材料（1人分）

- パスタ（1.4mm）…100g
- 薄切りベーコン…40g
- しめじ、エリンギ、しいたけ…合計100g
- オリーブオイル…大さじ1+大さじ½
- 赤唐辛子（輪切り）…1本
- にんにく（みじん切り）…5g
- Ⓐ しょうゆ…大さじ1と小さじ½
- みりん…大さじ1
- 酒…大さじ1
- かつお粉（P.10）…2g
- 味の素…5ふり
- 黒胡椒…適量

作り方

1. ベーコンは細切りにする。しめじは石づきを取ってほぐし、エリンギ、しいたけは薄切りにする。

2. フライパンにオリーブオイル大さじ1を熱し、赤唐辛子、ベーコン、きのこ、にんにくを入れて炒める。きのこがしんなりしたら、Ⓐを加え、汁をきのこに吸わせるように煮詰める（a）。

3. 鍋に1Lのお湯を沸騰させ、塩10g（分量外）を混ぜ、パスタを袋の表示時間より1分短くゆでる。

4. ゆで上がったパスタをトングなどで2のフライパンに移し（b）、ゆで汁お玉1杯分（大さじ3程度）を加えて混ぜ、黒胡椒、オリーブオイル大さじ½を混ぜる。器に盛り、好みで青ねぎをのせる。

うま味を吸いつくした究極完全体きのこに

PART 9

一軍レシピに絶対ランクインする究極のめん類

本気のイカスミパスタ

食パスタのなかで僕が一番好きなやつ

動画でチェック！

材料（1人分）

パスタ
　（1.4mm、または1.6mm）
　　…100g
イカ…70g
玉ねぎ…30g
オリーブオイル
　…大さじ1+小さじ2
にんにく（みじん切り）…5g
アンチョビペースト
　…小さじ1
トマト缶…¼缶（100g）
ローリエ…1枚
Ⓐ イカスミペースト
　　…小さじ1
　└ 白ワイン…小さじ2
黒胡椒…適量

イカスミペーストは墨煮や
チャーハンなどにも使えます

作り方

1 玉ねぎはみじん切りにする。イカはワタごと足を引き抜き（a）、頭とワタを切り離して、墨袋を取り除く。胴は軟骨を除いてよく洗い、気になれば皮をはいで1cm幅の輪切りにする（b）。ゲソは気になれば吸盤をしごいて取り、3cm長さに切る。

 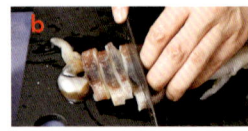

2 フライパンにオリーブオイル大さじ1を熱し、にんにくを炒める。香りが立ったらアンチョビペーストを入れて炒める。玉ねぎを加えて炒め、イカのワタを絞り、イカ、トマト缶、ローリエを加えてつぶしながら煮詰める（c）。ローリエを取り出し、混ぜ合わせたⒶを加える（d）。

3 鍋に1Lのお湯を沸騰させ、塩10g（分量外）を混ぜ、パスタを袋の表示時間より1分短くゆでる。ゆで上がったパスタをトングなどで2のフライパンに移し、ソースが硬ければゆで汁大さじ1を加えて混ぜ、黒胡椒、オリーブオイル小さじ2をかけて混ぜる。

イカスミペーストも
アンチョビペーストも
これを機に買ってみてほしい

別ゆで完全体 トマトソースパスタ

ポモドーロを
トマトジュースで作りました

材料（1人分）

パスタ（1.6mm）…100g
オリーブオイル
　…大さじ1+大さじ½
にんにく（みじん切り）…10g
赤唐辛子（縦に割る）…1本
Ⓐ トマトジュース…200ml
　ナンプラー…小さじ2
　味の素…4ふり
　塩…1つまみ
　砂糖…小さじ½

Point

ソースはしっかりと煮詰めるのがポイント

作り方

1 フライパンにオリーブオイル大さじ1を熱し、にんにく、赤唐辛子を炒める。にんにくが色づいてきたら、Ⓐを加えて煮詰める（a）。

2 鍋に水1Lと塩10g（分量外）を入れて沸騰させ、パスタを袋の表示時間より1分短くゆでる。

3 ゆで上がったパスタをトングなどで1のフライパンに移し（b）、ゆで汁お玉1杯分（大さじ3程度）を加えて絡め、オリーブオイル大さじ½をかける。

隠し味の
ナンプラーが
いい味出してる

とろっとソースが
パスタ以上に絡む

和風カルボナーラうどん

材料 (1人分)

冷凍うどん…1玉
薄切りベーコン…40g
オリーブオイル…大さじ1
にんにく (粗みじん切り) …10g
赤唐辛子 (輪切り) …1本
これ!うま!!つゆ…小さじ4
溶き卵…1個分

作り方

1 ベーコンは細切りにする。冷凍うどんは電子レンジで解凍しておく。

2 フライパンにオリーブオイルを熱し、にんにく、赤唐辛子、ベーコンを炒め、うどん、これ!うま!!つゆを加えてさらに炒める。

3 一度火を止め、溶き卵を加えたら弱火にかけ、卵がとろりとするまで混ぜる (a)。器に盛り、好みで乾燥パセリをかける。

Point

溶き卵を加えてからはゴムベラなどで混ぜるとやりやすい

だしの利いた
カルボナーラ

豆乳カレーうどん

豆乳を加えてマイルドに仕上げた

材料（1人分）

冷凍うどん…1玉
豚バラ薄切り肉…80g
塩胡椒…適量
玉ねぎ…60g
バター…10g

A 豆乳…200ml
　これ!うま!!つゆ…大さじ2
　カレー粉…大さじ½
B 片栗粉…小さじ1
　水…大さじ1
乾燥パセリ…適量

Point

煮汁は煮詰めすぎな
いようにしてください

作り方

1 豚肉は3cm幅に切り、塩胡椒を
ふる。玉ねぎは薄切りにする。う
どんは電子レンジで解凍しておく。

2 フライパンにバターを熱し、豚肉、
玉ねぎを炒める。玉ねぎがしんな
りとしたら、A を加えてひと煮
立ちさせる (a)。

a

3 混ぜ合わせた B でとろみをつけ、
うどんを入れる。器に盛りパセリ
をふる。

一軍レシピに絶対ランクインする究極のめん類

スープは
めっちゃ
クリーミー

ニラダレが無限の
食欲へと誘う

動画で
チェック!

無限ニラ豚そうめん

そうめんもタレも
キンキンに冷やして

材料（1人分）

そうめん…100g
豚バラ薄切り肉…70g
ニラ…½束（50g）
ポン酢しょうゆ
　…大さじ2と小さじ1
オイスターソース…小さじ1
ラー油（またはごま油）…適量
白いりごま…適量

作り方

1 ニラはみじん切りにしてボウルに入れ、ポン酢しょうゆ、オイスターソースを混ぜ合わせる。

2 鍋に湯を沸騰させ、5cm幅に切った豚肉をゆでる。肉に火が通ったら水気をきり、1のボウルに加えてあえ、冷蔵庫でしっかり冷やす。

3 同じ鍋の湯でそうめんを袋の表示時間通りにゆでて流水で洗い、氷水でしっかりと冷やす（a）。水気をよ――く絞って器に盛り、2をかけ、ラー油、白ごまをかける。味変は七味唐辛子で。

Point

氷水で手が冷たくなるくらい冷やすのがポイント

そうめんに飽きたら
絶対にやってください

動画で
チェック!

水晶そうめん

材料（1人分）

そうめん…100g
鶏むね肉（皮なし）…100g
長ねぎ…30g
Ⓐ しょうが（みじん切り）…5g
　赤唐辛子（輪切り）
　　…1本
　めんつゆ（三倍濃縮）
　　…大さじ2
　砂糖…小さじ1
　酢…小さじ1と½
　ごま油…小さじ1
Ⓑ しょうゆ…小さじ1
　酒…小さじ1
　片栗粉…小さじ2
ラー油…適量

作り方

1 長ねぎはみじん切りにしてボウルに入れ、Ⓐを混ぜ合わせて冷蔵庫で冷やす。鶏肉は薄くそぎ切りにし、Ⓑをもみ込む。

2 鍋に湯を沸騰させ、鶏肉を1枚ずつ入れてゆでる。同時にそうめんを入れ（a）、袋の表示時間通りにゆで、鶏肉ごとざるにあけて流水で洗い、氷水でしっかりと冷やし、水気をよく絞る。

3 2を1のタレであえ、器に盛り、好みで小ねぎ、赤唐辛子をのせ、ラー油をかける。

Point

鶏とそうめんは一緒にゆでても味が変わらない

今年の夏も来年の
夏もこれで決まり

変化球だけど高威力

魅惑の
ごはん・パン

みんなとワイワイいるときも、ひとりでいるときも、いつでもお腹を満たしてくれるごはんもの。主食として、〆として、試してみてほしい。

もっとバズってもいいと思ってる

悪魔の チュモッパ

動画で
チェック！

材料（作りやすい分量）

あたたかいご飯…200g
白菜キムチ…35g
ツナ缶…½缶
たくあん…20g
Ⓐ ごま油…大さじ½
　 マヨネーズ…大さじ1
　 塩…1つまみ
　 味の素…3ふり
おにぎり用のり…2枚

作り方

1 たくあんは粗みじんに切り、キムチはみじん切りにする。

2 フライパンに油を切ったツナ、キムチを入れて火にかけ、水分を飛ばしながら炒める (a)。

3 ボウルにご飯、2、たくあん、Ⓐ、のりを手で砕いて入れ、混ぜ合わせる。小さめのボール形に成形して器にのせ、あればのりを砕いてかけ、キムチをそえる。

a

Point

たくあんが食感のアクセントに

かわいい～！

ハードボイルド系の親子丼です

鉄板親子丼

今後、親子丼には生卵かもしれない

卵は崩しながら好みの半熟具合で食べる

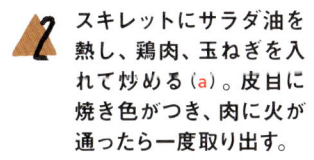

材料（1人分）

- あたたかいご飯…200g
- 卵…2個
- 鶏もも肉…120g
- アジシオ…適量
- 玉ねぎ…60g
- みつ葉…¼袋
- サラダ油…小さじ2
- Ⓐ かつお粉（P.10）…2g
  - しょうゆ…小さじ4
  - みりん…大さじ2
  - 味の素…4ふり
  - 水…大さじ1
  - 砂糖…小さじ¼

動画でチェック！

作り方

1 鶏肉は小さめのひと口大に切り、アジシオをふる。玉ねぎは繊維を断ち切るように薄切りにする。みつ葉は3〜4cm幅に切る。

2 スキレットにサラダ油を熱し、鶏肉、玉ねぎを入れて炒める（a）。皮目に焼き色がつき、肉に火が通ったら一度取り出す。

3 スキレットを洗わずに、ご飯、2、みつ葉をのせ、真ん中に卵を割り入れ、火にかける。ジュワジュワと音がしてきたら混ぜ合わせたⒶをかけ、好みで七味唐辛子をふり（b）、火を止める。

外で紙の器で食う系の味

ねぎ塩**チキン丼**

紅しょうがはぜひつけて

材料（1人分）

あたたかいご飯…200g
鶏もも肉…150g
塩胡椒…適量
長ねぎ…50g
オリーブオイル…小さじ2
にんにく（みじん切り）…1片
ナンプラー…小さじ½
Ⓐ 塩…小さじ¼
　 酒…大さじ3
　 味の素…3ふり
黒胡椒…適量
紅しょうが…適量

作り方

1. 鶏肉は小さめのひと口大に切って塩胡椒をふる。長ねぎはみじん切りにする。

2. フライパンにオリーブオイルを熱し、鶏肉を入れてカリッとするまで炒める(a)。にんにくを加えて香りが立ったら長ねぎ、ナンプラーを加えて炒める。Ⓐを順にふり入れてから煮詰め、黒胡椒を加えて混ぜる。

3. どんぶりにご飯を盛り、2、紅しょうがをのせ、好みで小ねぎ、レモン汁をかける。

ガーリックをダイレクトに感じる

ごろごろ**ビーフペッパーライス**

材料（1人分）

あたたかいご飯…200g
牛ステーキ肉
　（ももでもサーロインでも）…120g
塩胡椒…適量
玉ねぎ…60g
サラダ油…小さじ1と½
にんにく（薄切り）…10g
溶き卵…1個分

Ⓐ しょうゆ…大さじ1
　 塩…1つまみ
　 味の素…7ふり
Ⓑ みりん…大さじ1
　 黒胡椒…適量
　 バター…10g

作り方

1. 牛肉は1.5cm角に切り、塩胡椒をふる。玉ねぎはみじん切りにする。フライパンにサラダ油を熱し、にんにくを炒めてガーリックチップを作り、色づいたら取り出す。

2. 同じフライパンを強火で熱し、牛肉を炒める。肉の色が変わったら、溶き卵、ご飯を加えて手早く炒め(a)、玉ねぎを加えてさらに炒める。

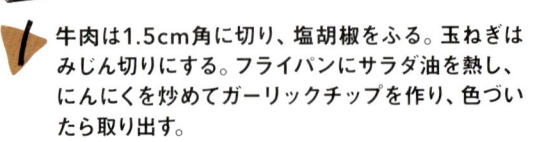

3. Ⓐを加えて炒めたら、Ⓑを加え、バターが溶けるまで炒める。器に盛り、にんにくチップ、好みで小ねぎをのせる。

誰でも育ち盛りの食べっぷりに

Point

ご飯はあたたかいもの・牛肉はお好きな部位のステーキ肉を使ってください

バターしょうゆと
とうもろこしの相性は
言わずもがな最強

バターしょうゆの とうもろこしご飯

とうもろこしの
季節はずっとこれ

材料（2合分）

米…2合（300g）
とうもろこし
　…1本（約300g）
Ⓐ 塩…小さじ½
　 しょうゆ…小さじ1
　 みりん…小さじ1
　 味の素…5ふり
バター…15g
しょうゆ…大さじ1と½
みりん…大さじ1

作り方

1 とうもろこしは3等分にして実をそぎ落とし、実と軸に分ける。

2 炊飯器に洗った米、Ⓐを入れ、2合のメモリまで水を加え、とうもろこしの実と軸を入れ（a）、普通に炊く。炊きあがったら軸は取る。

3 フライパンを熱してバターを焦がし、しょうゆ、みりんを加えて煮詰め（b）、2にかけてさっくりと混ぜる（c）。器に盛り、好みで塩、黒胡椒をふる。

動画で
チェック!

即席でできる
混ぜご飯

半熟卵めし

炊き込まないけど
全然ウマい

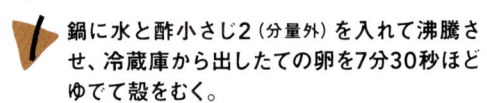

材料（1人分）

あたたかいご飯…200g
卵…2個
A 長ねぎ（みじん切り）…30g
　青のり…小さじ1
　天かす…ひとつかみ
　白いりごま…適量
　塩…1つまみ
　ほんだし…小さじ1

作り方

1 鍋に水と酢小さじ2（分量外）を入れて沸騰させ、冷蔵庫から出したての卵を7分30秒ほどゆでて殻をむく。

2 ボウルにご飯、**A** を入れて混ぜ、*1*の半熟卵を崩しながら混ぜる。器に盛り、好みで青のりをかける。味変はわさびで。

NOT
BUZZ

OKOJO

シーフードがプリプリ、
キャベツがめちゃ甘

超速キャベツ丼

動画で
チェック！

白菜で作るよりも甘い

材料（1人分）

あたたかいご飯…200g
春キャベツ…100g
冷凍シーフードミックス
…100g
ごま油…小さじ2
しょうが（千切り）…5g
Ⓐ 水…150ml
　中華あじ…小さじ1
　片栗粉…小さじ2
黒胡椒…適量
塩胡椒…適量
ごま油…小さじ1

作り方

1 シーフードミックスは水300ml
と塩小さじ1と少々（分量外）の
塩水で常温解凍し（a）、水気を
きる。キャベツはざく切りにする。

2 フライパンにごま油を熱し、
しょうがを炒める。香りが出
たらキャベツを入れて焼き目
をつけながら炒める。シーフー
ドミックス、よく混ぜ合わせた
Ⓐを加えて強火にする。とろ
みがついたら黒胡椒、塩胡椒、
ごま油を加えて混ぜる。

3 器にご飯を盛り、2をかけ、好
みで小ねぎをのせる。

朝めしにも昼めしにも夜めしにも

本当においしい明太子トースト

材料（1枚分）

パン（6枚切り）…1枚
明太子…25g
バター…5g
Ⓐ マヨネーズ…大さじ1
　すりおろしにんにく…少々
　味の素…1ふり
刻みのり…適量
小ねぎ…適量

作り方

1 明太子は包丁の背で
身をこそげ取る。

2 耐熱ボウルにバター
を入れて電子レンジ
（600W）で10秒加熱
して溶かし、明太子、
Ⓐを加えて混ぜる。

3 パンに2を塗り、トー
スター（250℃）で5分
程度こんがりとするま
で加熱し、刻みのり、
小ねぎをのせる。

焼いた
明太子は
正義

クオリティを追求した絶対に

動画でチェック!

合理的に作ってるから簡単なのにめっちゃウマい

焼肉屋さんの**コムタンスープ**

10分でできる味じゃない

材料（2人分）

牛バラ薄切り肉…100g
長ねぎ…60g
Ⓐ 水…450ml
　酒…大さじ2
　牛肉ダシダ
　　…大さじ1と小さじ½
　すりおろしにんにく…2片分
　すりおろししょうが…5g
　砂糖…小さじ⅔
　牛脂…1個
S&B テーブルコショー…4ふり
牛乳…50ml

作り方

1 牛肉は1cm幅程度に細かく切る。長ねぎは縦半分に切って斜め薄切りにする。

2 鍋にⒶ、牛肉を入れて沸騰させ、アクを取る。

3 長ねぎ、テーブルコショーを入れ、牛乳を加えて沸騰させる。

Point
クッパにするなら
塩1つまみ加える

動画でチェック!

店で出てくる味を目指しました

焼肉屋さんの**肉野菜スープ**

材料（2人分）

豚バラ薄切り肉…100g
ニラ…¼束（25g）
長ねぎ…40g
にんじん…40g
塩胡椒…適量
すりおろしにんにく…1片分
ごま油…大さじ1＋適量
Ⓐ カットわかめ（乾燥）
　　…大さじ1
　水…320ml
　酒…大さじ2
　中華あじ…小さじ1と½
　塩…小さじ¼
　黒胡椒…適量
　　（思ってる2〜3倍）
溶き卵…1個分
白いりごま…適量

作り方

1 豚肉は5cm長さに切る。ニラは2〜3cm幅に切る。長ねぎは斜め切りにする。にんじんは千切りにする。

2 フライパンに豚肉を並べ、塩胡椒をふる。にんにく、ごま油大さじ1を入れて混ぜ、強火にかける。肉に火が通ったらにんじん、長ねぎを加えて炒め、油が回ったらⒶを入れて沸騰させる。

3 弱火にして溶き卵を流し入れて固め、ニラを加えて1分ほど煮る。器に盛り、白ごまをひねりながらのせ、ごま油適量を回しかける。味変はコチュジャンで。

完全にお店の味

Point
辛さが欲しい人は一味唐辛子を追加しても◎

おいしいスープ

くたくたに煮た長ねぎと
じゃがが◎

長ねぎの塩ポタージュ

材料（2人分）

長ねぎ…2本（240g）
じゃがいも…1個（150g）
バター…10g
塩…小さじ¼
水…600ml
顆粒コンソメ…大さじ1
黒胡椒…適量

牛乳は使わないけど
ちゃんとポタージュ

作り方

1 長ねぎは小口切りにする。じゃがいもは小さめのさいの目切りにする。

2 フライパンにバターを熱し、長ねぎ、塩を入れて炒める。全体がしんなりしたらじゃがいもを加えて炒め、水、コンソメを加えて沸騰させ、マッシャーなどで軽くつぶしながらふたをして15〜20分ほど煮る。

3 器に盛り、黒胡椒をふる。

Point

とろっとしたスープがお好みであればブレンダーでやっても OK

わざわざ材料そろえてでも
作ってほしい

究極のせんべい汁

材料（4〜5人分）

せんべい汁用せんべい
　…6〜8枚
　（食べたかったらいっぱい入れて）
鶏もも肉…350g
ごぼう…150g
にんじん…120g
しめじ…100g
しらたき…200g
A 水…1L
　しょうゆ…大さじ2と½
　塩…小さじ⅔
　みりん…大さじ2
　酒…大さじ3
　味の素…7ふり
　かつお粉（P.10）…5g
小ねぎ…適量

八戸せんべいは青森物産展、
通販などで手に入ります

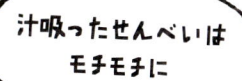

汁吸ったせんべいは
モチモチに

作り方

1 鶏肉は小さめのひと口大に切る。ごぼうは斜め薄切り、にんじんは縦半分に切って薄切りにする。しめじは石づきを取ってほぐす。しらたきはぬるま湯で洗って水気を絞り、適当な大きさに切る。

2 鍋に1、**A**を入れて沸騰させ15分ほど煮る。

3 せんべいを割り入れて5分ほど煮て、やわらかくなったら小ねぎを散らす。

Special Thanks!!

この本の制作にあたり、僕のフォロワーの方たちにレシピ名を考案いただきました。
ご協力いただいたみなさん、ありがとうございました！
このページでは、感謝を込めてお名前と考案レシピ名を掲載させていただきます。
どれもいいレシピ名です！

レシピ名を考案してくれた方々

りう　「W でパリパリ♥鶏チーズ」

めかじき　「パリパリチーパリ鶏」

いそべもち子　「パリスヒルトンチーズチキン」

るいね　「鳥のうまいやつ」

秋海堂　「うめぇ鳥パリチー」

なおみんみん　「チー鶏パリパリ」

にじいろ　「粒マスタードとチーズのパリカリチキン」

みっちゃん　「ツッパリ☆チキン」

K - A -)　「鳥パリ粒マスチーズ焼き」

ハイパーラブリーリュウジ☆「ちいかわ パリッパリ焼き」

しろくま中　「パリってるチーズチキン大魔王」

裕二　「君もコレ de パリチキマスタ～♬」

さとくん　「パリチーキン」

リュウジニキ　「鶏チー パリ× 2 粒マスタード」

りょうま　「パリパリチー鶏」

美佳（はるか）　「鶏皮とチーズのパリパリ焼き」

リュウ　「粒マスタードのチーズパリパリチキン」

ううちゃん　「ぱりぱりマスチー」

K.Kawasaki　「パリチー鶏もも焼き」

nyanyagon　「パリ旨チーチキ」

いっ平　「つっパリチーチキ」

にゃる。　「バウツェン風パリチキ」

やましたみき　「パリチキマスタード」

暇士ひで　「極！濃厚チキンステーキ」

彗星　「もも肉とチーズのダイヤモンドパリパリ」

葛川忍　「勝ち確焼き　絶対美味しくできるチーズと
粒マスタードのパリパリチキン」

kiki「寮母さんまたアレ作って！のパリチキン」

#まだバズ 投稿募集

「まだバズってないレシピ」作ってみた！って人は、
リプでも引用でもハッシュタグでもいいので、
どんどん投稿してください！
みなさんが作ってくれているってわかると、本当に励みになるんです。
そしてバズれ！！！笑

おわりに

「魚料理もやってほしい」「○○のレシピやってください!」
僕の動画を見てくれている方たちから、日々いろんなリクエストをいただきます。
本当は全部応えたい。でも料理研究家としてレシピを発信している以上、万人ウケするバズる料理をやることが必要だったりもします。
魚も今や家庭料理としてはちょっとハードルが高めな部類だと思いますし、あまりにマイナーな料理は作りたいと思う人が少ないです。だったらみんなが好きで簡単に手に入るものをやったほうがより多くの人の需要に応えられるじゃんという理論で発信しています。

そんな中でも、普段の動画ではみなさんに伝える機会がない料理も知ってほしい、万人向けとは言えないリクエストにちょっとでも応えたい、という思いで今回の本をつくりました。

料理や食材自体に好みがあるように、当たり前ですが味付けにも好みがあります。
甘いのが好き、辛いのが苦手、という好みがあるように、僕がよく言う「うま味」にも好き嫌いがあって、飲食店もそれらを何度も試行錯誤して調整しています。
何が言いたいかというと、「人の味覚に合わせて料理する」というのはプロでも苦労するくらいとても難しいことなんです。
だからこそ、もし身近に「あなたの好みに合わせて」料理をしてくれる人がいるのであれば、大切にしてくださいね!その方はあなたにとってどんなプロでもできないことをやってのけている世界一の料理研究家です。

そんな人いないという人も安心してください。
自分の好み100%で作っていいのが「自炊」で、料理の楽しさの真骨頂です。だから僕は二日酔いの日もレシピは作っていますし、発表の場がなくなったとしても作り続けると思います。決して人前に出ることが好きなわけではない僕がレシピの発信を続けているのは、この魅力をたくさんの人に知ってもらいたいからです。

こんな僕の趣味が誰かの役に立てている。
そう思えるだけで、料理研究家やっててよかったー!って気持ちになります。
改めて、最後まで読んでいただいたあなたに感謝を込めて、乾杯!!!。

リュウジ

PROFILE

リュウジ

料理研究家。料理のおにいさん。手軽でおいしい料理を
テーマに、SNSやYouTubeを中心に活躍。身近な材料と
調味料を使い、独自のアイデアとシンプルなアプローチで、
幅広い層に向けたレシピを提供し、広く支持を得ている。
これまでに多くの料理本を出版し、メディア出演も多数。

YouTube 料理研究家リュウジのバズレシピ
Instagram @ryuji_foodlabo
X   @ore825

リュウジのまだバズってないレシピ

2024 年 9 月 10 日　第 1 刷発行

著　者	リュウジ	*STAFF*
発行者	竹村響	
印刷所・製本所	TOPPAN クロレ株式会社	デザイン 小椋由佳
発行所	株式会社日本文芸社	
	〒 100-0003	装丁 成富英俊
	東京都千代田区一ツ橋 1-1-1	
	パレスサイドビル 8F	写真 原 幹和

乱丁・落丁などの不良品、内容に関するお問い合わせは
小社ウェブサイトお問い合わせフォームまでお願いいたします。
ウェブサイト　https://www.nihonbungeisha.co.jp/

©Ryuji 2024
Printed in Japan　112240902-112240902Ⓝ01 (250053)
ISBN　978-4-537-22236-4
編集担当：萩原

スタイリング
本郷由紀子

編集・イラスト
今井綾子

調理アシスタント
双松桃子、宗像里奈

撮影協力
たつや、ちょも、たかお、まさび

校閲
株式会社聚珍社、株式会社ぷれす

DTP
fermata